LÉGENDES ALBIGEOISES.

LÉGENDES

ALBIGEOISES.

TOULOUSE,
IMPRIMERIE DE A. CHAUVIN,
RUE MIREPOIX, 3.

—

1866

La légende est le parfum de l'histoire. Ses récits, tantôt sombres et dramatiques, tantôt mélancoliques et tendres, mais toujours émouvants, sont l'émanation poétique des faits passés.

Elle entoure d'un prestige fantastique les actions d'éclat, les dévouements, les amours, les haines, les infortunes, les crimes, des héros dont les noms sont parvenus jusqu'à nous, et, tout en conservant la vérité de la tradition, elle l'adoucit et la poétise.

L'Albigeois, théâtre sanglant de tant de guerres, de tant de révolutions, témoin des terribles événements qu'elles entrainent après elles, séjour privilégié des troubadours, patrie glorieuse des plus nobles dames, des plus vaillants héros, est cependant pauvre en traditions légendaires.

J'ai cru néanmoins qu'il pourrait être agréable à mes amis, auxquels j'adresse ce recueil,

de connaître quelques-unes de nos plus poétiques légendes, trouvées en parcourant les ma-
nuscrits de l'histoire particulière de l'Albigeois ;
j'ai cru, surtout, que l'heureuse découverte que
j'ai faite des précieuses lettres de Lapérouse,
qui le terminent, donnerait quelque intérêt à
ma modeste étude.

J'offre donc à ceux que j'aime, à ceux qui
veulent bien m'aimer, cet humble travail, que
j'ai fait en pensant à eux, puisque c'était à eux
que je voulais le dédier.

L. DE C.-L.

Octobre 1866.

LÉGENDES ALBIGEOISES.

LE TOMBEAU DES TROIS ROIS.

De nombreux monuments celtiques parsèment le sol de l'Albigois et portent jusqu'à nous les preuves solennelles de la puissante énergie de nos pères, du culte pieux qu'ils rendaient à leurs dieux, et du respect profond dont ils honoraient la mémoire de leurs héros.

Ces autels, ces tombeaux, théâtres sanglants de lugubres sacrifices, ou gardiens de glorieuses dépouilles, étonnent notre imagination, par la grandeur de leur débris ; les pierres énormes qui les composent ont été apportées par des forces et par des moyens qui nous sont inconnus, et c'est en vain que les calculs de la science ont cherché à découvrir le secret mystérieux de ces peuples primitifs. A une époque où la Gaule, couverte de forêts, n'était sillonnée par aucune route, ils sont parvenus à transporter, au sommet des pics les plus élevés, des blocs prodigieux par leur poids et par leur masse, devant lesquels les procédés savants de la mécanique moderne resteraient honteusement impuissants.

Les dolmens de Vaour de Tonnac, l'immense support resté dans les prairies de Vieux, les palais d'Alban, les rocs tremblants du Sidobre effrayent notre esprit, et, quand nous les considérons, nous sommes profondément émus par la majesté de leurs masses et par les souvenirs mystérieux qu'ils ont été destinés à consacrer.

Mais les dolmens, les menhirs ou les autres monuments, composés de blocs de pierre, ne sont pas les seuls que les Celtes nous aient laissés de leurs coutumes religieuses et guerrières; une autre espèce de tombeaux, prodigieux aussi par leur immensité, et formés d'un amas énorme de moellons et de terre, nous apparaît quelquefois; comme les tumuli romains, ces tombes grandioses bravent encore la destruction des temps, et nous apprennent comment ces peuples guerriers savaient honorer la bravoure et la gloire de leurs Brenns tombés au champ d'honneur.

Vers la partie septentrionale du département du Tarn, et sur le pic aride de la Cavalerie, où l'industrie moderne vient de découvrir tant de richesses minérales, s'élèvent trois de ces monticules qu'on aperçoit au loin, et dont la forme symétrique annonce qu'ils sont l'œuvre de la main des hommes; leur date est mystérieuse, mais la tradition, toujours vraie au fond de ses récits, raconte, après plus de vingt siècles écoulés, ce que les peuples divers qui ont passé autour d'eux se sont transmis et lui ont confié.

Or, dit-elle, trois puissants princes de ces peuples belliqueux, depuis longtemps en guerre les uns contre les autres, avaient vu dans divers combats tomber leurs plus vaillants guerriers; brûlant de venger leur mort, et de terminer en même temps, par une action solennelle et glorieuse, une guerre désastreuse qui aurait bientôt conduit à la ruine et à la destruction leurs sujets infortunés, ils se provoquèrent à un combat singulier, et, comme les Horaces et les Curiaces, ils résolurent de terminer par cette lutte suprême leurs longues dissensions; quelle que fût son issue, la paix devait en être le prix, et l'oubli du passé la condition rigoureuse.

Le pic de la Cavalerie fut choisi pour théâtre de ce solennel combat, et les trois chefs, entourés des débris de leurs peuplades, entrèrent hardiment dans le funèbre champ clos; au premier choc, l'un d'eux tomba pour ne plus se relever, et les deux autres engagèrent aussitôt une lutte furieuse et désespérée; ils étaient égaux en bravoure et en résolution. Leur héroïsme étant le même, leur sort fut aussi pareil : mortellement blessés tous deux, ils tombèrent expirants sur le cadavre de leur ennemi.

Au lieu même du combat et sur leurs corps sanglants, leurs sujets, attristés et respectueux, se jurèrent une amitié éternelle et cimentèrent, par une alliance sacrée, cette paix qui devait être le prix du dévouement glorieux de leurs princes; puis ils les ensevelirent sur le théâtre même de leur action sublime, et élevèrent les trois monticules appelés aujourd'hui encore : *le Tombeau des trois Rois.*

dévouement glorieux de leurs princes; puis ils les ensevelirent sur le théâtre même de leur action sublime, et élevèrent les trois monticules appelés aujourd'hui encore : *le Tombeau des trois Rois.*

SAINTE CARISSIME.

Les Wisigoths étaient les maîtres souverains de l'Albigeois ; le grand Clovis n'avait pas encore refoulé leurs hordes barbares jusqu'aux frontières de l'Ibérie. A la civilisation romaine avaient succédé des ténèbres épaisses d'ignorance et de barbarie ; la vallée du Tarn, jadis si riche, si florissante, maintenant retombée dans son obscurité première, était couverte de sombres forêts.

Cependant le flambeau de la foi chrétienne avait déjà éclairé cette contrée ; depuis deux siècles, saint Firmin et saint Clair, ses premiers apôtres, l'avaient évangélisée, et, après eux, saint Amarand, leur disciple, avait couronné ses prédications par un glorieux martyre. Son tombeau, longtemps couvert de ronces et d'épines, venait d'être miraculeusement découvert dans une grotte obscure du vallon de Vieux ; et saint Eugène, le grand évêque de Carthage, que l'Albigeois réclame comme un de ses saints, élevait, auprès de cette tombe sacrée, le premier monastère du pays, et consacrait à la retraite et à la prière les derniers jours de sa sainte vie.

En ce temps-là vivait à Albi un descendant de ces patriciens romains qui s'étaient naturalisés dans les Gaules et y étaient restés après la chute de l'Empire : il se nommait Aspasius, et était seigneur du Castelviel ; il avait pour femme Hélène. De leur union n'était née qu'une fille, appelée Carissime.

Le Castelviel était alors, sans doute, un fief précieux et considérable, puisque, pour le posséder en entier, Aspasius et Hélène avaient promis leur fille en mariage à Hugolin, qui y avait lui-même quelques droits. Cette union avait été décidée dès l'âge le plus tendre de ces enfants.

Mais Carissime était chrétienne, et, aussitôt qu'elle avait su penser et prier, elle avait consacré sa virginité à Dieu.

Dès qu'elle eut atteint l'âge de puberté qui, sous la loi romaine, régissant encore les Gaules, était fixée à douze ans, effrayée des projets de ses parents et craignant de ne pouvoir résister à leurs instances, elle s'enfuit et alla s'ensevelir dans l'obscurité d'une forêt voisine, et s'y livra aux exercices les plus saints de la vie des solitaires.

Seule, Sigismonde, sa nourrice, connaissait sa retraite, et lui apportait, en cachette, quelques modestes aliments.

En vain, Aspasius et Hélène avaient cherché à découvrir les traces de leur fille : Carissime semblait à jamais perdue pour eux.

Un jour Thomase, l'enfant chérie de Sigismonde, expira dans ses bras ; la douleur de la pauvre mère fut affreuse ; elle ne pouvait se séparer du cadavre de sa fille, ni se résigner à l'horrible pensée de ne plus la revoir. Soudain, au milieu de son désespoir, un rayon d'espérance luit à son âme : Carissime est une sainte, Dieu ne pourra refuser un miracle à ses prières ; elle vole aussitôt vers sa retraite obscure et, se jetant à ses pieds, elle la conjure, avec de déchirants sanglots, de rappeler à la vie sa pauvre enfant perdue. En vain Carissime troublée et bien affligée elle-même veut la consoler, lui répète, confuse, qu'elle est une trop grande pécheresse pour que Dieu exauce ses prières ; Sigismonde s'irrite, la douleur l'égare, et, dans son désespoir, elle menace Carissime de découvrir à ses parents le secret de sa retraite. La sainte la supplie ; Sigismonde redemande son enfant ; Carissime pleure et l'embrasse ; mais la pauvre mère s'arrache de ses bras, et, folle de désespoir, va annoncer à Aspasius et à Hélène que leur fille existe et qu'elle est cachée dans la forêt voisine.

Tous aussitôt se hâtent pour l'arracher à sa retraite et à son vœu ; mais le remords est entré dans l'âme de Sigismonde : elle vole vers Carissime et lui avoue, en pleurant, sa faute et le danger qui la menace.

Dieu, pendant l'absence de Sigismonde, avait inspiré sa servante. Aussitôt, dénouant sa ceinture, Carissime la remet à sa nourrice éplorée en lui enjoignant de la faire toucher au cadavre de sa fille ; la pauvre mère, impatiente et pleine de confiance, se hâte, emportant son trésor. A peine le tissu sacré a-t-il effleuré le corps de Thomase, que l'enfant se relève soudain, plein de vie et de beauté, et sourit à son heureuse mère.

Cependant Carissime avait aussitôt pris la fuite; mais déjà Aspasies et Hélène étaient sur ses pas; ils allaient l'atteindre, et le Tarn, avec ses ondes bouillonnantes et profondes, présentait à la sainte une barrière infranchissable; quand, levant les yeux au ciel, elle implora le secours de son Dieu. A l'instant, une barque légère fendit miraculeusement les flots et la transporta, comme en triomphe, sur l'autre rive.

Carissime, continuant sa marche précipitée, arriva, exténuée de faim et de fatigue, aux portes du monastère de Vieux, où saint Eugène, que Dieu avait averti de l'arrivée de sa servante, vint la recevoir et l'accueillit comme un enfant chéri. Il l'admit au nombre de ses saintes sœurs. Carissime vécut quelques années parmi elles dans les exercices de la plus fervente pénitence, et y mourut en odeur de sainteté. Saint Eugène l'ensevelit lui-même auprès du tombeau de saint Amarand.

LE SAUT DE SABO.

A l'époque nébuleuse où l'Albigeois était encore couvert d'immenses forêts, où quelques pauvres cabanes réunies formaient les seules et rares villes de ces pays inconnus, où des tours solitaires, placées sur des sommets les plus élevés, servaient de repères et de phares aux voyageurs égarés au sein de ces vastes solitudes, le Tarn, dont les paisibles biefs forment aujourd'hui des lacs tranquilles, bondissait désordonné au milieu des roches amoncelées encombrant son lit, et, par sa rapidité furieuse, justifiait l'origine celtique de son nom.

Les rochers bouleversés, les eaux mugissantes de Saint-Juéry, quoique dépouillés de leurs ombrages touffus, ont encore conservé le sauvage aspect et l'effrayant tumulte de cette époque lointaine ; ils furent les témoins du drame touchant de Sabo et d'Indie, et la tradition a donné à leur abîme le plus profond leurs noms poétiques.

Aucun pont, aucun arbre hardiment jeté, aucune

arche naturelle ne rattachait alors les deux rives escarpées du fleuve; ces forêts, à peine séparées de quelques pas par le gouffre béant, étaient étrangères l'une à l'autre, et leurs rares habitants formaient deux peuples différents.

Sur la rive droite, une jeune bergère conduisait souvent paître son troupeau au bord de l'abîme. Elle aimait à se pencher au-dessus des flots mugissants; avec la naïve curiosité de son âge, elle suivait leur cours tumultueux et jouait avec la neige écumante de leurs eaux... C'était Indie.

Un jour que, secouant ses cheveux ruisselants de l'écume des flots, elle relevait ses yeux vers l'autre rive, à travers la brume argentée du gouffre, elle aperçut un jeune berger penché comme elle, et qui la regardait avec une joie enfantine... C'était Sabo... Les deux enfants se sourirent; ils se tendirent innocemment les bras... ils voulurent se parler; le mugissement du gouffre engloutit leurs paroles; ne pouvant s'entendre, ils se sourirent encore.

Les jours, les mois, se succédèrent, et chaque aurore vit Indie et Sabo, penchés tendrement l'un vers l'autre s'adressant leurs plus doux sourires; à défaut de paroles, ils comprenaient leurs moindres signes, devinaient leurs moindres désirs.; ils s'aimaient et trouvaient tous les jours le gouffre plus cruel... Indie était devenue une belle jeune fille aux yeux bleus, aux cheveux dorés... Sabo, un fier Gaulois, beau, hardi, portant noblement la braie éclatante.

Un jour qu'Indie, agenouillée sur la rive escarpée du fleuve, fascinait Sabo de son plus caressant regard, soudain elle jette un cri d'effroi, qui se change aussitôt en soupir de joie. Sabo frémissant est à ses pieds... l'amour lui a donné des ailes... nouveau Léandre, il a franchi le gouffre, et, couvrant de baisers les mains d'Indie, il lui répète de sa douce voix tout ce que ses signes de tendresse lui ont si souvent fait comprendre. Indie l'écoute, frémissante d'effroi et d'amour, et fière du courage du hardi berger, elle ne peut se lasser de l'admirer et de l'entendre.

Mais le jour fuit, l'ombre s'avance ; les deux amants se séparent en se disant bien tendrement au revoir... et Sabo, transporté de bonheur, bondit encore, défie et franchit l'abime.

Bien des jours heureux s'écoulèrent ainsi pour les deux bergers à l'ombre de ces forêts solitaires ; ils devançaient l'aurore pour se revoir plutôt... et souvent les premières ombres de la nuit les trouvaient encore ensemble... Ils avaient déjà choisi la clairière chérie où ils devaient bâtir leur heureuse cabane. L'avenir leur souriait sous les couleurs charmantes du passé, et leur bonheur, commencé sous de si riants auspices, semblait ne pas devoir finir.

Mais un ennemi jaloux et cruel avait surpris le doux secret d'Indie et de Sabo ; il avait épié leurs tendres entretiens, et connaissait le rocher avancé sur lequel s'élançait le hardi berger... Profitant des ombres de la nuit, favorables aux crimes des lâches, il sema la pierre escarpée de graines traîtresses.

2

A l'aurore de ce jour fatal, Indie arriva la première au bord du précipice; inquiète et frémissante, elle interrogeait anxieusement l'ombre de la rive opposée. Sabo s'empressait, haletant et joyeux. Elle lui tend les bras.... il s'élance hardiment... il touche la rive chérie... il sourit à Indie... mais il chancelle... Il tressaille; son pied roule; il se renverse... En vain il se raidit, élève vers Indie ses mains éplorées : le gouffre l'attire... Il prononce une dernière fois le nom de sa bien-aimée et est englouti par les flots mugissants.

Quand vous visitez le gouffre de Saint-Juéry, hélas! bien dépoétisé par les froids embellissements de la civilisation et de l'industrie, approchez-vous du rocher abrupt qui porte encore le nom de Sabo; oubliez un instant le bruit strident des roues, des machines et des marteaux, ne prêtez l'oreille qu'aux mugissements de l'abîme, laissez-vous aller au rêve poétique que vous inspirera le souvenir de cette triste légende, et, bien certainement, dans les gémissements mystérieux des flots, vous entendrez le dernier cri de Sabo et les sanglots d'Indie.

CORDES, PUYCALVEL.

Plusieurs siècles avant que le puissant ministre des derniers comtes de Toulouse eût fondé la ville de Cordes, à l'époque où l'empire romain, s'écroulant de tous côtés sous les attaques des hordes du Nord, venait de perdre les Gaules, il existait, au haut du mamelon escarpé que devait recouvrir plus tard la ville de Sicard d'Alaman, une antique tour, dernier débris peut-être de ces forts redoutables d'où Vercingétorix, Vindex et Civilis défendirent la liberté celtique.

Elle était alors habitée par un seigneur gaulois couvert de blessures glorieusement reçues dans les combats soutenus contre les Barbares. Comme l'aigle blessé, le vieux guerrier était venu se reposer et mourir dans son aire inexpugnable.

Sa solitude était égayée et sa vieillesse consolée par une fille aussi belle que vertueuse. Elle était le seul gage d'un hymen brisé par sa naissance.

Avant de se séparer pour toujours de l'enfant qui

lui coûtait la vie, sa mère, par un usage pieux de ces siècles de foi, l'avait vouée à la vierge, en lui consacrant sa virginité.

La fille du vieux seigneur était arrivée à l'âge où sa beauté était dans sa fleur ; la renommée de ses charmes, de sa sagesse et de sa piété filiale s'étendait au loin ; elle était nommée la première parmi les nobles filles des patriciens de l'Aquitaine.

Aussi tous les jeunes seigneurs voisins s'empressaient-ils d'accourir dès que la jeune châtelaine descendait de sa vieille tour pour aller prier dans les églises voisines ou pour aller visiter les malheureux dans leurs cabanes ; et, enflammés à la vue de tant d'attraits et de tant de modestie, ils brûlaient de se signaler par des exploits glorieux pour attirer un seul de ses regards.

Parmi ces seigneurs, il en était un, brave et beau par-dessus tous, et, par-dessus tous aussi, amoureux de la fille du vieux guerrier : c'était le seigneur de Puycalvel, dont la tour s'élevait sur un pic voisin.

La belle châtelaine l'avait remarqué au milieu de tous ses jeunes compagnons, et son cœur avait tressailli ; ses yeux s'étaient baissés... Hélas ! aussi, ses larmes avaient coulé ; car elle connaissait le vœu de sa mère et savait qu'elle n'appartiendrait jamais à celui qu'elle ne pouvait s'empêcher d'aimer.

De son côté, Puycalvel, quelque modeste qu'il fût, avait surpris le secret de celle qu'il aimait.

Aussi, tous les deux ne manquaient-ils pas une occasion de se rencontrer et de se sourire, et d'empor-

ter, de ces innocentes et furtives entrevues, des trésors de souvenirs et d'amoureuses rêveries.

Et cependant ni l'un ni l'autre n'avaient une espérance : ils connaissaient tous deux l'obstacle qui
s'opposait à leur bonheur; ils se seraient crus sacri-
léges et félons s'ils l'avaient brisé; et, ne pouvant
être l'un à l'autre, ils se livraient avec ivresse aux
étranges et mélancoliques douceurs d'un amour sans
espoir.

Sur ces entrefaites, le bruit se répandit, de province
en province, qu'une nouvelle invasion de Barbares
descendait avec fureur du Nord, répandant partout,
sur son passage, la désolation et la mort. Brave et
aventureuse, la jeune noblesse albigeoise se réunit
avec ardeur autour de ses chefs, brûlant de se me-
surer avec ces étrangers, si féroces et si vaillants,
dont le nom seul portait en tous lieux la terreur.

Puycalvel fut le premier à ceindre son épée. Il
vola, à la tête de ses jeunes compagnons, se ranger
sous la bannière des vieux généraux de l'Aquitaine..

Ce ne fut pas cependant sans avoir revu la belle
châtelaine, qu'il partit pour les combats. Dans un
dernier regard, plus hardi et plus enflammé que tous
ceux que, jusque-là, il avait osé lui adresser, il lui ex-
prima tout ce que son cœur renfermait d'amour et
de désespoir. La jeune fille, elle aussi, dans un regard voilé de larmes, lui fit comprendre combien il
était aimé et quel trouble son départ jetait dans son
cœur désolé.

La vaillante armée d'Aquitaine rencontra bientôt

les hordes barbares. Elle fit des prodiges de valeur, et les jeunes seigneurs de l'Albigeois se distinguèrent parmi tous. Puycalvel se couvrit de gloire, et le souvenir de la belle châtelaine, échauffant son cœur et son courage, il acquit, dans ces combats, la réputation d'un héros. Il était fier et heureux de penser qu'au retour, un regard de la noble jeune fille le récompenserait de ses exploits.

Mais, hélas! dans un dernier engagement, emporté par sa valeur, il fut enveloppé dans un groupe ennemi, et, succombant sous le nombre, il tomba mortellement blessé; ses compagnons s'étaient aussitôt élancés pour le sauver, ils ne purent que le venger.

Bientôt après, quand, couverts de sang et de poussière, ils revinrent frémissants auprès de leur glorieux ami, Puycalvel respirait encore; adossé à un arbre, la croix de son épée dans ses mains et les yeux tournés vers le pays natal, il s'occupait des deux grandes pensées qui remplissaient son âme : Dieu et la belle châtelaine. « Amis, leur dit-il d'une voix presque éteinte, je vais mourir, et déjà vous avez vengé ma mort... Soyez bénis pour ce glorieux témoignage de votre vaillante amitié... mais j'ai encore une dernière preuve à vous en demander... Plus heureux que moi, vous allez revenir vers les riantes vallées de l'Aquitaine; vous reverrez les vieux châteaux qui nous ont vu naître; vous reverrez aussi celle dont la pensée a rempli toute ma vie... celle pour qui je meurs, puisque c'était pour être digne d'elle que je m'élançais avec ardeur dans les combats... Ce cœur, qui ne battit que pour elle... et dont les dernières palsations s'éteindront à son souvenir ce cœur, qu'elle remplit tout entier... je veux qu'elle le possède puisqu'il lui appartient... Jurez-moi, amis, que, dès que j'aurai fermé la paupière, vous arracherez ce tendre cœur, palpitant encore pour elle, et, le plaçant dans une boîte précieuse,. vous irez l'apporter à celle dont il est le funèbre héritage... Vous lui direz : Puycalvel est tombé au champ d'honneur ; ses dernières paroles, son dernier soupir, ont été pour vous... et, en mourant, il vous donne son cœur. »

Ce furent ses derniers mots... Ses compagnons lui donnèrent la sépulture des braves, et, chargés de son funèbre présent, ils reprirent tristement la route de leur pays natal.

Accablés de douleur et silencieux, ils gravirent le sentier abrupt du vieux château, et, quand le vieillard et sa fille parurent à la poterne pour recevoir ce triste cortége, le jeune seigneur, chargé du pieux message, impuissant à maîtriser sa douleur et tendant à la jeune fille la boîte funéraire, ne put, au milieu de ses sanglots, que prononcer les derniers mots de Puycalvel... *Cor dat.*

La belle châtelaine, à la vue des jeunes seigneurs courbés sous le poids de leur douleur, avait deviné son malheur. Elle reçut et baisa avec respect le dernier et triste gage de l'amour de Puycalvel, et, retenant avec effort les larmes qui la suffoquaient : «O toi, dit-elle, que j'aimais sans espoir... toi à qui je ne pouvais appartenir et qui désormais m'appartiendras; Puycalvel, époux de mon cœur, prends possession de ma vie entière... Que ton souvenir la remplisse... que les derniers mots que prononça ta bouche mourante restent gravés à jamais dans mon cœur et dans les lieux où je dois vivre et mourir en ne pensant qu'à toi. *Cor dat*, sois désormais le nom de cette sombre tour qui va devenir le tombeau de mon cœur et de celui de mon bien-aimé Puycalvel.

Telle fut, dit une vieille tradition, l'origine du nom de Cordes : elle peut paraître fabuleuse; elle est au moins touchante.

NOTRE-DAME-DE-LADRÈCHE.

Au sommet des coteaux qui, commençant la chaîne des montagnes du Rouergue, dominent la ville d'Albi et la magnifique plaine qui s'étend à ses pieds, s'élève un sanctuaire vénéré qui semble veiller avec tendresse et répandre sa sainte protection sur les nombreuses populations de cette belle contrée.

C'est la chapelle miraculeuse de Notre-Dame-de-Ladrèche.

Il n'est pas, dans tout l'Albigeois, un malade, un enfant, un malheureux qui n'ait été porté au pied de son autel protecteur.

Dans tous les foyers, à côté du crucifix antique, est appendue son image chérie et vénérée.

Au sein de toutes les familles, son nom n'est jamais prononcé sans qu'un soupir d'amour ou de reconnaissance ne l'accompagne.

Sa fondation est due à un miracle qui a donné à la terre sa sainte image comme un précieux présent du ciel.

Dès le douzième siècle elle existait déjà, et saint Dominique allait souvent au pied de son autel prier et puiser les saintes inspirations de ses prédications.

Un jour, dit la tradition, des bergers gardant leurs troupeaux dans ce lieu, qui était alors solitaire et sauvage, aperçurent, au milieu d'un buisson rayonnant, une image de la sainte Vierge auprès de laquelle un religieux était profondément prosterné. Emerveillés de cette vision céleste, ils se jetèrent à genoux avec une foi ardente, et, après avoir tendrement prié, ils se relevèrent fervents et joyeux, et allèrent dans tous les hameaux voisins annoncer la bonne nouvelle. Toutes les populations se hâtent et accourent sur le lieu du miracle, et la sainte Vierge, toujours rayonnante au milieu du buisson glorieux, leur apparaît et leur sourit avec tendresse.

Les ministres de Dieu s'émeuvent et préparent à l'image miraculeuse une place splendidement ornée dans une église voisine, et, accompagnés d'un concours immense de fidèles, ils vont solennellement l'adorer et la chercher en triomphe. Deux fois cette imposante cérémonie se renouvelle, et deux fois l'image sainte disparaît pendant la nuit, et revient mystérieusement au lieu où elle avait apparu pour la première fois.

La volonté de Dieu était éclatante : c'était dans ce lieu sauvage que la sainte Vierge devait être honorée. L'heureux propriétaire du champ béni où avait eu lieu l'apparition céleste se hâta de bâtir une chapelle, et dès lors commença pour l'Albigeois la dévotion filiale qu'il porte à Notre-Dame-de-Ladrèche.

Depuis plus de six siècles, cette tendre dévotion, cette filiale confiance, ont été toujours en augmentant ; les évêques, les archevêques d'Albi, fiers et heureux d'avoir dans leur diocèse un sanctuaire aussi privilégié, se plurent toujours à l'orner magnifiquement et à le visiter souvent ; l'un d'eux a voulu reposer dans son enceinte bénie, et tous ont favorisé de toutes leurs forces une dévotion si populaire dans l'Albigeois.

Dès que fleurit le riant mois de mai, la chapelle miraculeuse se pare de ses plus beaux ornements, et, comme une heureuse mère, elle déploie ses plus riches trésors pour recevoir ses enfants.

Alors commence cet immense concours de processions et de pèlerinages qui, pendant tout cet heureux mois, remplissent le sanctuaire vénéré ; et rien n'est plus touchant, plus religieux et plus poétique que le spectacle de toutes ces populations joyeuses et recueillies qui se pressent autour de la sainte chapelle.

De tous les points de la plaine et de la montagne s'acheminent des paroisses entières, bannières déployées, conduites par leurs pasteurs, et chantant des cantiques en l'honneur de la Vierge ; les habitants du haut Albigeois, les robustes montagnards, s'y rencontrent avec le riche pagès du Caussé ou l'heureux habitant de la vallée ; tous, parés de leurs plus beaux costumes, rayonnants d'une douce joie, émus par une heureuse et cordiale fraternité, entourent de leurs groupes pittoresques et animés les murs de la sainte chapelle, se répétant entre eux les bienfaits dont elle les a comblés.

Chaque procession entre à son tour dans le sanctuaire vénéré; et quand les dévotions sont terminées, les prières finies, tous aussitôt, riches et pauvres, grands et petits, infirmes et bien portants, s'assoient gaiement sur l'herbe, entourent leur pasteur, ému et heureux, et célèbrent ce beau jour par un repas frugal et fraternel.

Mais, au milieu de cette joie, le temps fuit rapidement, et ces heureuses populations, après une nouvelle et fervente visite au bien-aimé sanctuaire, reprennent joyeusement le chemin de leurs hameaux lointains, chantant les louanges de leur protectrice, et se promettant de revenir, aux fleurs nouvelles, l'honorer encore au pied de son autel miraculeux.

GUITALENS.

Les guerres que se firent entre eux les fils de Louis le Débonnaire portèrent la désolation dans l'Aquitaine, dans la Septimanie et dans l'Albigeois. Tous ces indignes petits-fils de Charlemagne semblèrent vouloir, par leurs perpétuelles discordes, par leurs trahisons, leurs cruautés, leurs haines, déshonorer et détruire l'œuvre glorieuse du grand empereur.

Lothaire, Louis, Charles et Pepin, leur neveu, venaient de se livrer la sanglante bataille de Fontenai. Le carnage fut si affreux, dans cette terrible action, que les vainqueurs, malgré leur barbarie, furent effrayés de tant de sang répandu et défendirent de poursuivre les vaincus; ils avaient hâte, d'ailleurs, d'aller s'opposer au plus tôt aux invasions des Normands, que l'un d'eux avait eu la félonie d'appeler à son secours.

Charles surtout voulait, le plus vite possible, regagner l'Aquitaine et presser le siége de Toulouse, restée fidèle à Pepin. En vain se présenta-t-il devant les murs de cette vaillante cité, il échoua dans son entreprise, et, renonçant pour le moment à recommencer de nouvelles attaques, il partit pour Verdun, où allait se tenir la grande assemblée qui devait décider du partage de l'empire de Charlemagne. Pour exécuter ce voyage, il traversa l'Albigeois et séjourna quelques jours dans sa résidence royale d'Aveins, dont nous cherchons vainement les traces sur le rivage pittoresque du Tarn où elle était située.

Mais, en quittant l'Albigeois pour aller au congrès fameux qui devait lui donner la couronne de France, Charles y laissa des troupes nombreuses destinées à maintenir le pays et à reprendre à l'occasion le siége de Toulouse. Ces troupes féroces, accoutumées aux guerres fratricides des enfants de Louis le Débonnaire, et composées d'aventuriers cruels, pour lesquels le massacre et le pillage étaient une joie et un jeu, semèrent la désolation et la mort dans tous les pays qu'elles traversèrent : les vallées du Tarn et de l'Agout furent surtout le théâtre de leurs cruautés, elles y répandirent la terreur et l'incendie; et les populations, saisies d'effroi, s'enfuyaient à leur approche.

Pendant que Charles, de concert avec ses frères, consommait la spoliation de Pepin et s'emparait avidement des débris de ses Etats, les troupes qu'il avait laissées aux environs de Toulouse, aussi cruelles et aussi cupides que leur roi, mirent à feu et à sang les belles vallées dans lesquelles elles étaient campées, et commirent tant d'exactions, tant d'excès, tant de crimes, qu'un puissant seigneur de Castres, et Baldonius, évêque d'Albi, touchés des malheurs des peuplades qu'elles persécutaient, résolurent noblement de s'opposer à leurs féroces ravages et de délivrer le pays de ces monstres sanguinaires.

Une immense et sombre forêt couvrait alors la belle vallée de l'Agout : elle se nommait la forêt de Lavaur, et devait, plus tard, donner son nom au château redoutable que Simon de Montfort parvint à détruire. A l'une de ces extrémités se trouvait un gué appelé *Gué Morin*; et ce gué, protégé par l'ombre de la forêt, était le passage habituel qui donnait accès d'une rive à l'autre. C'est dans cet endroit solitaire que Baldonius et le seigneur qui le secondait dressèrent une formidable embuscade et attendirent les troupes redoutées de Charles le Chauve.

Elles arrivèrent bientôt, au nombre de six mille hommes; et telle fut la réussite de la ruse, tels furent le secret de l'entreprise, l'ardeur de la vengeance, et la valeur des soldats de l'évêque, que tous les soldats français tombèrent dans les flots de l'Agout. Si quelques-uns tentaient d'échapper à leurs ennemis, ils étaient aussitôt arrêtés, entraînés et pendus sans pitié aux arbres de la forêt.

Ce funèbre événement, ces horribles représailles, cette terrible peine du talion, infligée à ceux qui avaient désolé ce pays infortuné, changèrent, pour toujours, le nom du gué fatal qui en avait été le théâtre, et le Gué Morin s'appela désormais le *Gué du Talion*, d'où, peu à peu, *Guitalens*.

Tout a disparu autour de ce triste passage : l'Agout est devenu une fraîche et limpide rivière ; la forêt s'est couverte en de fertiles et riantes campagnes ; de pittoresques villages bordent les berges qui furent arrosées du sang des soldats de Charles, et de cet événement lugubre il n'est resté que le nom vengeur qui y restera toujours attaché.

BURLATS.

A l'extrémité méridionale de ce noir Sidobre, dans les merveilleuses horreurs remplissent l'âme d'admiration et d'effroi, s'ouvre une mystérieuse vallée encadrée de rochers pittoresques, baignée d'eaux limpides, entrecoupée de prairies et de bois, embaumée de fruits et de fleurs : c'est la riante oasis de Burlats.

Au milieu de ce frais paysage, du sein de ces ombrages touffus, s'élève tout à coup une ruine sombre qui jette un reflet de tristesse sur cette fraîcheur et sur cette joie : c'est le dernier débris du château d'Adélaïde de Toulouse.

A son aspect, le touriste à l'âme poétique s'arrête ému et pensif : le murmure de ces eaux, le mystère de ces ombrages, la tristesse de ces ruines, réveillent dans son souvenir la poésie, l'amour, les plaisirs, les douleurs, dont ces lieux furent les témoins; il se recueille, et, reportant au delà de plusieurs siècles sa pensée attendrie, il reconstruit ces donjons renversé, ces tours disparues, ce palais écroulé, ces grandeurs évanouies; dans son rêve mélancoliques il revoit cet éclat, les amours et les tristesses que ces ruines abritèrent, et il entend l'écho répéter plaintivement les noms de Constance et d'Adélaïde.

C'était une grande et illustre princesse que Constance, sœur bien-aimée de Louis le Jeune. Un instant l'épouse d'Eustache de Blois, elle porta le titre de reine d'Angleterre, et, veuve à la fleur de l'âge, elle faisait, par tous les charmes réunis dans sa personne, l'ornement de la cour de France; elle fixa le choix de Raymond V, comte de Toulouse, et cette reine, fille de rois, vint régner sur cette autre cour française, dont l'éclat, l'urbanité et la galanterie faisaient la gloire de tout le Midi.

Son bonheur fut de courte durée : abandonnée par son volage époux, elle vint cacher ses larmes dans la solitude de Burlats et y donna le jour à cette belle Adélaïde dont le nom et le cœur devaient s'attacher pour toujours au vieux castel qui l'avait vue naître.

L'infidèle Raymond n'avait pas encore assez outragé sa noble épouse : il l'humilia par un honteux divorce, et lui brisa le cœur en la chassant de son asile et en lui arrachant sa fille bien-aimée.

Aux siècles pieux des croisades, les âmes éplorées se tournaient vers l'Orient. Constance, sous le poids de son infortune, quitta à jamais le manoir solitaire de Burlats, où elle avait coulé quelques années tranquilles, et alla ensevelir, à l'abri des lieux saints, son immense douleur.

Adélaïde, dans tout l'éclat de sa beauté, parut à la cour de son père, et devint aussitôt la reine poétique de cette cour brillante, rendez-vous glorieux de tout ce que le Midi renfermait de vaillants chevaliers et de renommés troubadours. La gaie science était alors dans tout son lustre, et Raymond V avait attiré autour de lui cette harmonieuse phalange de trouvères qui chantaient, avec tant de charmes, les triomphes des guerriers et la beauté des nobles dames.

Au milieu de toutes ces splendeurs, Adélaïde soupirait souvent, en pensant aux frais ombrages de Burlats et aux vieilles tours qui avaient abrité son enfance.

Bientôt, sans consulter son cœur, Raymond V accorda sa main à Roger, vicomte de Béziers, fils de ces glorieux Trencavels, qui allaient bientôt finir. Le castel chéri de Burlats fit partie de son riche douaire.

Mais une révolution terrible allait éclater dans le Midi. La religion devait en être le prétexte; la haine du Nord pour les idées généreuses du Midi, la véritable cause. Des flots de sang allaient couler, et le fer et la flamme allaient détruire les châteaux et les villes des Toulouse et des Trencavels. Roger séduit, abusé, et n'écoutant que les élans patriotiques de son cœur, s'unit aux révoltés; mais bientôt vaincu et dépouillé, poursuivi par ses implacables ennemis, frappé des foudres de l'Église, il erra, proscrit, sans troupes et sans asile.

La noble Adélaïde suivit son infortune. Épouse

dévouée autant que courageuse princesse, elle refoule dans son âme ses scrupules pieux, et, tout entière au soin de sauver l'honneur et les jours de son époux, tantôt elle le défend énergiquement devant les terribles envoyés du légat, tantôt, rassemblant à la hâte quelques soldats fidèles, elle vole au secours de ses troupes sous les murs menacés de Lavaur... Efforts inutiles... la dernière heure des Trencavels allait sonner... Le féroce Simon de Montfort, maître déjà de leur riche héritage, leur préparait les chaînes et le poison... Roger meurt, ne laissant à sa noble veuve qu'un jeune et dernier rejeton, dont l'État chancelant et démembré est confié à d'autres mains, qu'à celles de sa courageuse mère.

Trahie, abandonnée, blessée dans ses sentiments de princesse et de mère, Adélaïde se réfugia dans son castel chéri de Burlats, dont elle prit pour toujours le nom. Autour d'elle aussitôt, et dans les intervalles de repos que laissaient les combats, se réunirent les plus vaillants et les plus nobles chevaliers, tous épris de ses charmes et fiers d'entourer une aussi courageuse princesse.

Ces jours de fêtes chevaleresques, de tournois brillants, furent les jours de gloire de Burlats. Ses vastes cours, ses préaux, ses enceintes devinrent les témoins de joutes glorieuses, et ses échos retentirent des cris d'honneur et de victoire.

Mais ces fêtes bruyantes ne charmaient pas le cœur d'Adélaïde et ne consolaient pas sa douleur : elle leur préférait les plaisirs intimes d'une réunion d'amis

fidèles et les douces distractions de cette harmonieuse
poésie romane, si chère aux troubadours de ce siècle de chevalerie. Elle s'empressa d'ouvrir sa cour
aux brillants trouvères de l'Albigeois et de la Septimanie, et leur phalange poétique, dispersée par le tumulte des camps et par le bruit des combats, se
réunit dans ce charmant asile où régnait la plus aimable des princesses. Leurs plus douces poésies furent
composées et chantées sous les frais ombrages de
Burlats.

Parmi tous ces trouvères, le plus illustre était Ar-
naud de Marwiel. Nul mieux que lui ne composait
une chanson et ne chantait un virelai. Il était beau,
vaillant, sa voix était harmonieuse et sa poésie était
pleine de charmes séduisants; il devint le fidèle sujet et le trouvère favori de la comtesse. La douceur
de ses vers, la séduction de sa parole, le dévouement
chevaleresque de sa personne consolaient Adélaïde
de ses malheurs, et son cœur était toujours sou-
lagé quand elle écoutait la poésie de son cher troubadour. Aussi le comblait-elle d'honneurs et de pré-
férences, et jamais Marwiel ne quittait le vieux
manoir de Burlats, témoin d'une aussi douce intimité.

Un plus tendre sentiment peut-être que l'admiration s'était glissé dans le cœur de la belle comtesse;
et pouvait-elle, d'ailleurs ne pas comprendre que Marwiel brûlait pour elle de l'amour le plus violent. Le
respect et la crainte l'avaient quelque temps retenu :
ce n'était que par de tendres allusions, des fictions
poétiques, des regards passionnés et des soupirs

qu'il osait lui en exprimer l'ardeur. Mais con'était pas
assez pour le feu qui brûlait son cœur. Un jour qu'il
était aux genoux d'Adélaïde, cédant à ses trans-
ports, il chanta d'une voix émue et lui déclara ainsi
son amour.

Le doux accueil qu'en votre cœur
Vous avez fait, ô noble dame !
A l'humble et pauvre troubadour,
De vos beaux yeux la tendre flamme,
De mille traits brûlants d'amour,
Plus fort que je ne saurais dire,
Ont atteint et blessé mon cœur.
Ayez pitié de mon martyre
Et pardonnez... ou de douleur
  A vos genoux j'expire.

Oui ! je vous aime et, sans détour,
Sans crainte j'ose vous le dire,
Je vous aime d'un tendre amour.
Hélas ! vous pouvez me maudire
Et me bannir de ce séjour !
Mais si mon aveu vous offense
Et si j'encours votre rigueur,
Si j'ai perdu toute espérance,
De grâce oubliez mon erreur
  Pitié pour ma souffrance.

En vain je voudrais vous presser,
Je sais qu'encor vers le trouvère
Votre amour ne peut s'abaisser,
Et je connais trop ma misère
Même pour oser y penser.
Mais je veux garder l'espérance,
Car je sens vibrer dans mon cœur
Cette noble et douce puissance
Qui mène l'homme à la grandeur,
  L'amour et la vaillance !

Cet amour, si cher à mon cœur,
Me brûle et je n'ose le dire ;
Je redoute votre rigueur,
Et de mon langoureux délire
Je n'ose dévoiler l'ardeur.
Des rois, des grands la flamme altière
Vous offre un amour dédaigneux ;
Ah ! préférez-lui du trouvère
L'amour humble, mystérieux,
    Reconnaissant, sincère.

Tout en vous est d'un si haut prix
Qu'en vous voyant je devins vôtre,
Et je suis tellement épris,
Qu'à l'amour passionné d'une autre,
Je préfère votre mépris.
O noble et belle châtelaine !
Brisez-moi de votre rigueur ;
Mais que jamais dans votre cœur
    Pour moi n'entre la haine !

Adélaïde, à ce doux aveu, soupira et ne repoussa pas le trouvère... Marviel fut-il son amant heureux ?... Apporta-t-il à ce cœur déchiré de douces et tendres consolations ? Les ombrages discrets du vallon de Burlats connaissent seul ce mystère... Mais si elle s'abandonna à cet amour romanesque ; si Marviel eut sa tendresse, leur bonheur fut de courte durée et s'évanouit comme un songe... Un autre trouvère aimait aussi Adélaïde ; comme Marviel il ne quittait pas la cour de la belle comtesse... Mais il était roi d'Aragon... Son appui était puissant ; son ressentiment eût été funeste. Alphonse, amoureux et jaloux, parla en tyran, et l'infortunée Adélaïde, tremblant de perdre le dernier protecteur de son malheureux fils, brisa son amour et son cœur et dit, en pleurant, un éternel adieu à son cher troubadour.

Marviel, accablé de honte et de douleur, alla pleurer son malheur à la cour de Guillaume, comte de Montpellier. Il y passa le reste de ses jours dans la tristesse et dans les regrets; le souvenir de son bonheur passé, l'image chérie des lieux enchanteurs qui en avaient été les témoins, la haine d'Alphonse, la rigueur d'Adélaïde étaient toujours présents à sa pensée. Il chantait encore; mais toutes ses poésies portaient l'empreinte amère des sentiments qui déchiraient son âme; cependant quelque désespéré que fût son amour, quelque irrévocable que fût son exil, il ne pouvait s'empêcher de sourire quelquefois au milieu de ses larmes à quelques rayons trompeurs d'espérance; alors tombaient de son cœur les strophes suivantes :

> Depuis que la noble dame,
> Tendre objet de mon amour,
> M'a dit d'oublier ma flamme
> Et de la finir pour toujours, .
> Charmante rêverie, amoureuses pensées,
> Douces illusions, qui remplissaient mon cœur,
> Bien vite ont été remplacées
> Par l'amère douleur.
>
> Vous voulez être cruelle,
> Hélas! et m'abandonner;
> Je suis soumis et fidèle,
> Ah! vous pouvez pardonner.
> Mais si de mon amour, l'ardeur vous importune,
> Accordez-moi du moins le plaisir triste et doux
> De pleurer sur mon infortune
> Tremblant à vos genoux.

O vous que mon cœur fidèle
Aime et désire ardemment,
Soyez bonne autant que belle
Et terminez mon tourment !
Ne redoutez jamais que ma trop vive flamme,
Si vous me rappeliez, pût me faire oublier
    Que vous êtes puissante dame
        Et moi pauvre écuyer.

Vous avez tout en partage,
Savoir, noble dignité,
Attraits divins, doux langage,
Air charmant, vive gaîté.
Toute beauté pâlit, dès qu'on vous voit paraître ;
Et dans l'heureux sentier que vous daignez choisir,
    Sous vos pas légers on voit naître
        La joie et le plaisir.

Tous vantent votre mérite,
Vos charmes, votre beauté ;
Mon humble chant ne mérite
Auprès d'eux d'être compté.
Mais je sais qu'aussitôt la balance chancelle,
Et monte, au moindre poids, à son poids ajouté ;
    Mon grain d'encens est la parcelle
        Sur son plateau jeté.

La belle comtesse de Burlats ne quitta plus son asile solitaire ; elle ne revit plus son bien-aimé Marwiel, et l'histoire de cette sombre époque, dont les pages sanglantes redisent l'histoire de son malheureux fils, gardent sur elle un silence profond : la noble Adélaïde devait être déjà descendue dans la paix du tombeau, puisque nous ne la voyons pas recueillir le dernier soupir de Raymond-Roger dans les cachots de Carcassonne et crier vengeance contre le crime atroce de Simon de Montfort.

Marwiel, lui aussi, tomba dans l'obscurité et dans l'oubli. Nous savons seulement qu'il parvint jusqu'à une extrême vieillesse et qu'il pleura toujours la protectrice de sa jeunesse et les heureux jours qu'il avait passés auprès d'elle.

Après ses jours d'éclat, de poésie et d'amour, le château de Burlats devint solitaire et désert. Trois siècles s'écoulent sans que son histoire déchire le voile de deuil qui le couvre; et enfin, quand une nouvelle guerre fratricide vient encore, au nom de la religion, ensanglanter l'Albigeois, nous le voyons tomber pour toujours sous les coups du baron de Sénégas.

LE SIÉGE DE LAVAUR.

L'infortuné Raymond VI, réduit à ses dernières ressources par la persécution de ses ennemis, voyait tous les jours s'approcher l'instant fatal de sa chute. Il était cependant toujours entouré de l'amour et de la fidélité de ses sujets ; et en voyant ce peuple si brave et si dévoué, il sentait sa douleur s'accroître ; car il comprenait bien qu'il l'entraînait dans sa ruine.

Aussi cherchait-il pour le sauver tous les moyens compatibles avec sa dignité et avec l'honneur.

Sur ces entrefaites, il fut mandé devant le concile d'Arles, et il n'hésita pas à s'y présenter accompagné de son fidèle beau-frère le roi d'Aragon, espérant que cette démarche conciliante toucherait ses ennemis, et arrêterait peut-être leur injuste fureur... hélas ! ce fut en vain.

A peine eut-il connu les conditions humiliantes qu'on voulait lui imposer, que, transporté d'indignation, il quitta le concile chargé d'anathèmes et d'ex-

communications, et se retira, navré de douleur et
abîmé de désespoir, dans sa ville bien-aimée de
Toulouse.

Arrivé au milieu de son peuple fidèle, il fit un
dernier appel à son dévouement, prit la noble résolution de périr en soldat plutôt que de se soumettre
à ses bourreaux, et attendit, fort de son droit et de
sa conscience, avec une fierté calme et digne, les
attaques des croisés.

Ils parurent bientôt conduits par Montfort lui-
même, et soutenus par les soldats-confrères de Fouques, évêque de Toulouse ; ils allèrent assiéger en
grand nombre le château de Lavaur, citadelle forte
et fidèle, dont Raymond était le seigneur suzerain.

La dame du château avait nom Guiraude ; elle
était courageuse et hardie, et les croisés, dans la
haine qui les animait contre elle, l'accusaient des
crimes les plus abominables ; quoique veuve, et sur
le point d'être mère, elle ne se laissa ni effrayer ni
abattre, n'abandonna pas sa forteresse, et appela
auprès d'elle, pour commander et défendre la place,
son frère Aymairie de Montréal.

Celui-ci était le chef de quatre-vingts chevaliers,
derniers débris des nombreux et nobles guerriers qui
défendirent en vain contre Simon de Montfort leur
ville chérie de Montréal. Forcés d'abandonner ses
murs détruits, ils avaient suivi Aymairie, leur seigneur, et venaient de fonder dans le voisinage une
ville et un château que, par un touchant souvenir de
la patrie perdue, ils avaient appelée Réalmont.

A l'appel de Guirande, tous partirent ayant à leur tête Aymairic, et s'enfermèrent dans les murs de Lavaur, résolus de périr sous leurs ruines plutôt que de se rendre à leur ennemi commun, l'implacable Montfort.

Quand celui-ci se présenta devant la place, il comprit, en voyant ses fortifications redoutables et l'attitude courageuse des chevaliers, quelle serait la vigueur de la défense et la difficulté de la prise. Ne trouvant pas suffisant, pour les destructions qu'il méditait, le renfort que lui avait amené l'évêque Fouques, il manda six mille Allemands, féroces sicaires toujours prêts à seconder ses cruautés et ses pillages. Ils se mettent en route, ivres déjà du sang qu'ils vont verser; mais ils tombent auprès de Montgey, dans une embuscade qu'avaient dressée le comte de Foix et Guiraud de Pépieux. Un grand nombre d'entre eux restent sur le champ de bataille morts ou grièvement blessés; les autres sont mis en fuite et leur bande féroce est entièrement dispersée.

A la nouvelle de ce désastre, Simon de Montfort, transporté de fureur, resserre étroitement le siége; aidé, animé par Fouques, que Raymond venait de chasser honteusement de Toulouse, il inventait tous les jours de nouvelles machines, des ruses infernales pour entrer dans la place; mais la vigilance et la valeur des chevaliers déjouaient ses stratagèmes, détruisaient ses engins de guerre, repoussaient ses attaques et lui opposaient la résistance la plus héroïque.

Cependant le nombre des croisés augmentait tous les jours sous les murs de Lavaur; un souterrain mystérieux, qui servait merveilleusement les sorties inattendues des assiégés et leurs attaques destructives contre les machines des assiégeants, venait d'être découvert et détruit par eux; malgré la valeur d'Aymairie et de ses courageux compagnons, l'heure suprême approchait. Enfin, dans un dernier assaut furieux, donné avec une rage fanatique par les croisés, au chant des hymnes sacrés, supporté avec une héroïque vaillance par les chevaliers, le château fut emporté, et aussitôt les assiégeants, se précipitant par la brèche, envahirent la place. A leur tête, Fouques et Montfort, ivres de fureur, les excitaient au carnage et à la destruction.

Alors commença un massacre impitoyable et féroce; enfants, femmes, vieillards furent passés au fil de l'épée, et, au milieu de tous ces guerriers, armés au nom d'une religion de charité et de paix, il ne s'en trouva qu'un seul qui, bravant les ordres sanguinaires de Simon de Montfort, osa sauver quelques infortunés réfugiés sous des ruines fumantes.

Aymairie de Montréal et soixante et quatorze chevaliers qui avaient survécu à l'assaut furent conduits devant leur féroce vainqueur, qui aussitôt les fit attacher à d'infâmes gibets préparés à l'avance, et ces instruments de supplice n'allant pas assez vite au gré de sa barbare cruauté, il donna l'ordre à ses sicaires de les massacrer sous ses yeux. Ces nobles soldats, qui avaient vaillamment combattu, héroïque-

ment résisté, furent lâchement égorgés, et leurs cadavres déshonorés restèrent étendus au milieu des
ruines fumantes de la forteresse qu'ils avaient si courageusement défendue.

La dame Guiraude fut , à son tour, conduite devant le terrible chef des croisés, qui, insensible à
son courage, à la faiblesse de son sexe, au respect
dû à son état, la fit précipiter dans un puits profond, qui aussitôt fut comblé d'énormes pierres.

Des redoutables fortifications de Lavaur, de ses
larges fossés, de ses souterrains, il ne reste plus
aucun vestige : d'élégantes constructions, de belles
avenues couvrent la place où étaient le château et le
puits où fut jetée Guiraude ; mais au milieu de ces
embellissements modernes, sous ces ombrages, à
travers ces larges allées, le chroniqueur retrouve
avec émotion le souvenir de la valeur d'Aymeric et
de ses chevaliers, et la trace à jamais ineffaçable de
la cruauté de Montfort.

ADALAIS DE PENNE.

La sauvage majesté des ruines du château de Penne,
leur masse imposante, la hardiesse guerrière de leur
position, disent assez quel rôle a dû jouer ce fort
inaccessible, à l'époque du moyen âge. On se sent
saisi de terreur quand on voit ces débris grandioses
pendre et surplomber à une hauteur effrayante, et
écraser encore de leur grandeur renversée le village
pittoresque dont les vieilles maisons se pressent autour du roc aigu qui le supporte.

C'est qu'en effet le château de Penne fut redoutable et renommé, et l'histoire de ses puissants seigneurs, le récit des divers siéges qu'il supporta, la
légende des drames dont ses murs furent les témoins, sont conservés avec honneur dans les archives glorieuses de l'Albigeois.

Au commencement du douzième siècle, Penne
nous apparaît pour la première fois; il devient la
propriété du puissant Trencavel (Bernard-Aton),
vicomte d'Albi; de ses mains, il passe dans celles des

4

seigneurs qui portèrent son nom, et nous voyons toujours ces vaillants chevaliers dévoués et fidèles à leurs bien-aimés souverains, les comtes de Toulouse; dans leur bonne comme dans leur mauvaise fortune, ils figurent sans cesse à côté d'eux, soit dans les combats, soit dans les actes importants de leurs règnes.

Dans une de ses courses féroces à travers l'Albigeois, Simon de Montfort s'empare de Penne, mais c'est par trahison; ce fort redoutable lui est bientôt repris, et le sort, semblant un instant sourire à l'infortuné Raymond VI, aussitôt les seigneurs de Penne viennent fêter la bonne fortune de leur comte et lui rendre foi et hommage dans la ville de Gaillac, elle aussi restée dévouée et fidèle.

Amaury de Montfort a succédé à son père; mais, vaincu et suppliant, il invoque, à son tour, la pitié de Raymond VI; il lui demande une trêve, et dans cette trêve est compris le château de Penne comme l'un des plus redoutés.

Pendant ces temps de troubles et de désastres, au milieu des pillages et des incendies de la croisade, le château de Penne est le fort glorieux dans lequel les comtes de Toulouse déposent leurs précieuses archives, les confiant ainsi à la valeur et à la fidélité de ses seigneurs et à la sûreté de ses remparts inaccessibles.

La dynastie des comtes de Toulouse va finir; le traité de 1229 ramène la paix dans leur infortuné royaume; mais la reine Blanche, qui connaît la bouillante valeur et le patriotisme des sujets de Raymond VII, prend de prudentes précautions : elle demande le démantèlement de plusieurs châteaux forts ; Penne est un des premiers. N'était-il pas, en effet, un des plus redoutables et des plus fidèles ?

Les Anglais envahissent le Midi ; l'Albigeois est saccagé. Penne tombe en leur pouvoir, et devient aussi le dernier repaire de ces terribles routiers qui désolèrent la Septimanie.

Les guerres du protestantisme éclatent, et Penne joue un rôle sanglant dans toutes les péripéties de ce drame national ; les huguenots, qui s'y étaient réfugiés, ne l'abandonnent qu'après le traité pacificateur de Nérac.

La Ligue trouble le Midi de ses désordres ; Penne est toujours le fort envié, et souvent le théâtre sanglant de cette guerre fratricide.

Enfin, après cinq siècles de guerres et de révolutions, Penne, comme un vieux guerrier blessé, rentre dans le repos et dans l'obscurité : il avait assez fait, d'ailleurs, pour l'histoire et pour la légende... Sa fidélité inaltérable à ses bien-aimés souverains, ses divers siéges, la haine héréditaire de ses vicomtes envers ceux de Bruniquel, le terrible combat du bâtard de Penne contre son voisin abhorré, dont le sombre théâtre se voit encore sous les ruines informes d'une salle écroulée, sa mission glorieuse de garder les archives des comtes de Toulouse, et tous les combats divers où ses seigneurs figurèrent toujours vaillamment, lui avaient assigné une page éclatante dans l'histoire guerrière de son pays.

Mais au milieu de ces traditions sanglantes, dramatiques et glorieuses, se glisse un souvenir tendre et touchant, et les noms d'Adalaïs et de Raymond Jourdain, entourés de tout le prestige poétique de leur amour malheureux, sont soupirés par la légende plaintive.

Adalaïs de Penne était une grande dame, célèbre par sa beauté, par ses grâces, et par le charme de son esprit. La petite cour de sa noble vicomté, était renommée par la courtoisie et par l'éclat des joutes et des tournois que les seigneurs voisins y soutenaient en son honneur; et les sombres tours de son noir château s'illuminèrent souvent des splendeurs de fêtes brillantes : c'était le siècle de la chevalerie. Les troubadours parcouraient le Midi en chantant les attraits incomparables de la dame de leurs pensées et en soutenant vaillamment de leur épée son mérite et ses charmes. Le château de Penne était princièrement ouvert à tous ces poètes guerriers; tous, à l'envi, chantaient l'honneur, la gloire de la maison de Penne et la beauté de la châtelaine.

Parmi eux, le plus beau, le plus chevaleresque, était Raymond Jourdain, vicomte de Saint-Antonin. Aussi noble seigneur que vaillant chevalier et charmant trouvère, il avait voué à la belle Adalaïs son bras et son cœur. Il en était aimé, et c'était paré de ses couleurs, son nom et sa devise à la bouche, qu'il apparaissait redoutable et toujours vainqueur dans les tournois et dans les combats. Les occasions étaient fréquentes et belles, dans ces temps de chevalerie et de guerres, et la bannière des comtes de Toulouse appelait souvent leurs preux chevaliers dans les champs clos et sur les champs de bataille.

Pour la belle Adalais seule, Raymond Jourdain composait et chantait ses vers amoureux. Aussi apportait-il souvent aux pieds de la noble vicomtesse les lauriers qu'il cueillait à la guerre et ceux plus doux de la poésie.

Comme Miraval, Marvicl, Alphonse d'Aragon, eux aussi amoureux de grandes dames, Raymond Jourdain chantait, dans des vers romanesques, les tourments et les joies de son amour. Les deux chansons suivantes, pleines de passion et de poésie, et dans lesquelles il se plaint des rigueurs de sa maîtresse, étaient bien faites pour l'attendrir ; les mœurs du temps doivent faire pardonner la crudité de certaines expressions :

> Fidélité de douleur est suivie ;
> Sombre chagrin poursuit le troubadour :
> Las ! il sait bien qu'il n'est pas dans la vie
> Mal plus cruel que celui de l'amour.
>
> Adalais a toute ma tendresse ;
> Son tendre cœur pourrait me rendre heureux.
> Hélas ! pourquoi ma charmante maîtresse
> Dédaigne-t-elle et mes chants et mes vœux ?
>
> Oh ! châtelaine aussi noble que belle !
> Toujours Raymond sera ton chevalier :
> Etre à l'amour comme à l'honneur fidèle,
> C'est le devoir de tout vaillant guerrier.
>
> Lorsque Raymond, couronné par la gloire,
> A ses aïeux ira se réunir,

Sur son cercueil les filles de Mémoire
Répéteront le chant du souvenir.

Au son plaintif d'une lente harmonie
Elles diront : Plaignez le troubadour ;
Il éprouva qu'il n'est point dans la vie
Mal plus cruel que celui de l'amour.

———

Le sombre hiver attriste la nature ;
Du doux printemps, oubliant les plaisirs,
Au fond des bois, privés de leur verdure,
Sans amour, sans voix, sans plaisirs,
Les oiselets tremblent sous la froidure.
    Et moi, dont le cœur amoureux
    Aime la plus belle des belles,
Comme aux beaux jours des fleurs et des feuilles nouvelles,
    Je chante, j'aime, et suis heureux.

Esclave, amant et chevalier fidèle,
Pensers d'amour remplissent tout mon cœur,
Et je bénis la puissance éternelle
Qui m'a comblé de bonheur et d'honneur,
En me donnant une amante aussi belle.
    Sous le charme de ses beaux yeux
    En vain voudrait-on se défendre :
Ceux qui suivent ses pas, vaincus doivent se rendre,
    Et d'elle tomber amoureux.

L'amour ardent qui dévore mon âme,
J'en fais serment, ne peut jamais finir.
De jour en jour augmentera ma flamme ;
Et quand viendra mon suprême soupir,
J'expirerai tout entier à ma dame.
    Absence, différent séjour,
    Ne peuvent rien sur ma tendresse,
Et vers les lieux heureux qu'habite ma maîtresse,
    Mes yeux se dirigent toujours.

Créneaux maudits, jalouse citadelle
Qui dérobez chaque jour à mes yeux
Les doux appas, les charmes de ma belle,
Mon cœur franchit vos remparts odieux
Et suit les pas d'un messager fidèle.
En vain, jaloux de nos amours,
Du cœur de ma belle maîtresse
Parents, amis voudraient arracher sa tendresse :
Je les brave comme vos tours.

Si j'ai chanté mon bonheur et ma flamme,
D'un vain orgueil je ne suis point la loi :
Tel est l'amour que je porte à ma dame
Que, morte ou vive, elle aura tout de moi.
Je l'aime plus que je n'aime mon âme,
Si jamais il m'était permis
D'entendre un aveu de sa bouche,
Puis une seule nuit de partager sa couche,
Je donnerais ma part de paradis.

La belle Adalaïs ne fut pas insensible aux doux sentiments de Raymond Jourdain ; elle le paya d'un tendre retour, et bien souvent, le cœur palpitant et l'âme impatiente, elle épiait, du haut de sa tourelle, l'arrivée du preux chevalier, quand, le cœur enflammé lui aussi d'une égale impatience, il dévorait, sous les pas de son audacieux destrier, les gouffres menaçants de la côte du Paradis ou la plaine verdoyante de Saint-Vergondin.

Les belliqueux comtes de Toulouse guerroyaient durement et souvent ; ils donnaient peu de repos à leurs fidèles et valeureux chevaliers, et bientôt une guerre lointaine appela sous la bannière de Raymond VI tous ses vaillants guerriers. Le vicomte de Saint-Antonin, entouré de ses hommes d'armes, accourut un des premiers et se trouva toujours au poste le plus périlleux. Il acquit beaucoup de gloire, au nom d'Adalaïs; mais enfin, trahi par le sort et par sa téméraire bravoure, il tomba sur le champ d'honneur, et la nouvelle de sa mort glorieuse se répandit aussitôt et arriva au donjon de Penne. La tendre Adalaïs rêvait alors de son chevaleresque amant et appelait, de tous les vœux de son cœur, le jour où elle le verrait revenir, plus beau, plus aimable, plus glorieux, plus aimé encore.

A cette terrible nouvelle, elle sentit son cœur et tous les liens qui l'attachaient encore au monde se briser pour toujours; les fêtes, la joie, la gloire, la fortune, la vie tout entière ne lui parurent plus, sans son trouvère bien-aimé, que deuil et tristesse; elle renferma dans son cœur déchiré le souvenir précieux de son amant et de son amour; et, quittant pour toujours son vieux et cher château de Penne, elle alla abriter, dans les murs solitaires d'un monastère lointain, le triste trésor de son bonheur perdu. C'est ainsi qu'on aimait, dans ces siècles de foi, de courage et de chevalerie.

Raymond Jourdain n'avait pas succombé. Relevé par ses ennemis, couvert d'horribles blessures, il revint à la vie; mais bien des jours se passèrent avant qu'il pût reconquérir la santé et la liberté. Enfin, après un bien long espace de temps, il put regagner, faible encore, mais brûlant d'impatience et d'amour, la vallée chérie de Penne et les sombres tours de son vieux château. A leur vue, son cœur palpita bien tendre-

ment et bien fort, et il fut brisé de douleur et de désespoir quand il apprit l'héroïque résolution de la
belle vicomtesse ; mais, hélas ! toute espérance était
perdue ; Adalaïs avait mis, entre le monde et elle,
des obstacles infranchissables.

Dévoré d'un noir chagrin, le vicomte de Saint-Antonin s'ensevelit, lui aussi, dans une profonde solitude ; il abandonna les joutes et les tournois, il
rejeta son luth, et ne trouva quelques amères consolations que dans les pleurs et dans son désespoir :
la tendre Adalaïs méritait bien de pareils regrets.

Longtemps Raymond Jourdain resta ainsi abîmé
dans sa douleur ; et les nobles dames et les vaillants
guerriers déploraient amèrement la perte d'un aussi
noble chevalier et d'un aussi charmant trouvère.

Or, un jour, une bien grande dame, aussi noble,
aussi belle qu'Adalaïs de Penne, la célèbre Elise de
Montfort, touchée de la douleur et de la fidélité du
vicomte de Saint-Antonin, le fit prier, pour l'amour
d'elle, de secouer sa tristesse, et de reprendre, parmi
les chevaliers et au milieu des dames, le rang qu'il savait si bien occuper.

Raymond Jourdain fut ému, puis touché ; et, repre-
nant ses armes et son luth, il apparut au milieu de la
brillante cour du château de Turenne, entouré de
toutes les séductions et du nouveau prestige de ses
aventures et de sa tristesse ; les honneurs lui furent
prodigués, chacun fêta son retour, et la belle Elise le
proclama son chevalier et son trouvère.

Le souvenir de la tendre Adalaïs n'était pas sans

doute effacé du cœur du vicomte de Saint-Antonin, et souvent des nuages de tristesse obscurcissaient son front; mais les caresses et le sourire de la séduisante châtelaine venaient aussitôt les dissiper. Cependant, il ne chantait pas encore. Une nuit, qu'il était couché dans une des salles somptueuses du château de Turenne, un amour lui apparut, et, lui reprochant sa longue tristesse, lui demande, au nom des dames et de l'amour, de reprendre son luth et de chanter comme autrefois. Ce touchant stratagème dissipa la mélancolie de Raymond Jourdain; il se livra, avec un élan passionné, aux charmes de son nouvel amour et de la poésie, et il composa, pour sa belle Elise de Montfort, les chansons les plus amoureuses.

La tendre Adalaïs coula et termina ses jours dans la solitude du cloître et dans la tristesse du cœur. Son immense douleur dut encore s'accroître, puisque, après avoir pleuré Raymond Jourdain mort et perdu pour elle, elle dut le pleurer infidèle et parjure.

LA TOUR DE LA BOUCARIO [1].

Au confluent du Tarn et du ruisseau du château
du Roi, sur un roc avancé, s'élève encore une tour
antique, dernier débris des fortifications qui défendaient la ville de Gaillac. Ses créneaux sont démolis;
ses défenses sont abattues; un badigeon moderne a
effacé les traces que les injures du temps ou les divers siéges qu'elle supporta avaient laissées sur les
pierres de ses vieilles murailles; des jardins en am-
phithéâtre, de beaux ombrages lui forment un cadre
pittoresque; le Tarn décrit à ses pieds une courbe
gracieuse; un horizon large et riant se déploie devant elle, et cependant elle conserve un aspect sinis-
tre, se détache triste et sombre au milieu du charmant paysage qui l'entoure, et semble devoir à jamais
perpétuer le souvenir lugubre du drame terrible qui
l'ensanglanta. Cette tour, dont les salles obscures con-

<hr>

(1) Cette tour est quelquefois désignée aussi sous le nom de Tour de Bellegarde,
la famille de ce nom l'ayant possédée.

servent encore des taches ineffaçables du sang qu'y firent couler la haine et le fanatisme religieux, était placée au haut de la côte abrupte qui, de la ville, descendait sur les bords du Tarn; de là lui venait le nom significatif de *tour de Davale*.

Gaillac est une des villes de l'Albigeois où les guerres fratricides qu'alluma la Réforme firent couler le plus de sang, et amoncelèrent le plus de ruines; pendant plus de dix ans elle fut tour à tour au pouvoir des catholiques et des protestants, et chaque parti rivalisa de haine et de cruauté pour assouvir sa cupidité et sa vengeance. Les huguenots les premiers, après l'édit de janvier, profitant avec perfidie de la liberté qui leur était accordée, commencèrent les désordres qui devaient si tristement finir : ils abattirent les images vénérées de la Vierge et des saints, qui ornaient en grand nombre les édifices et les carrefours; jetant avec mépris leurs débris dans les ruisseaux des rues, ils insultaient à la piété des catholiques, et, se sentant les plus forts, ils les provoquaient lâchement. Bientôt ils s'emparèrent de plusieurs églises de la ville, les profanèrent par des mutilations impies et par l'exercice sacrilége de leur culte. Enfin, voulant mettre le comble à leurs persécutions, ils tentèrent de prendre aussi l'église antique et vénérée de Saint-Michel; mais ils furent arrêtés et repoussés par les catholiques de Gaillac et par les vaillants habitants du château de l'Om. Ecrasés dans les vieux quartiers de l'Abbaye et de la Halle, un grand nombre d'entre eux restèrent étendus sur le champ de bataille ; d'autres tombèrent au pouvoir de leurs ennemis, et leur sort fut encore plus affreux.

Les catholiques, oubliant la sainteté de leur cause et les préceptes de leur religion, se livrèrent aux plus horribles représailles : ils souillèrent leurs mains du sang de leurs frères sans défense, et, fatigués de frapper, ils entraînèrent ceux qu'ils n'avaient pas encore atteints au haut des murs de la vieille abbaye ; et de là, les précipitant dans le Tarn, ils jouissaient lâchement de leur agonie et de leur mort.

Après ces événements sanglants, la haine et la soif de la vengeance enflammaient tout ce qui restait des habitants de cette ville infortunée : tous les liens les plus sacrés de la famille et de l'amitié étaient rompus ; les maisons étaient barricadées, les édifices publics fortifiés, et nul ne sortait de son domicile sans être prêt à attaquer ou à se défendre.

Six années de désolation et de guerre civile s'écoulèrent ainsi pour Gaillac. Elles n'étaient que le prélude de malheurs encore plus grands.

L'occasion tant désirée par les huguenots de s'emparer de leur ville natale, d'en chasser les catholiques et d'assouvir leur vengeance, s'offrit enfin à eux : introduits par un traître, ils mirent Gaillac à feu et à sang, et, dans un horrible incendie, ils détruisirent en entier le vieux et riche quartier du château de l'Om, dont les habitants avaient héroïquement repoussé leurs attaques contre Gaillac et contre Saint-Michel.

Après la prise de la ville arriva le jour des froides

cruautés, des lâches représailles ; elles furent horribles ; tous les catholiques prisonniers furent impitoyablement torturés, massacrés ou jetés dans les gouffres du Tarn, et le petit nombre qui put échapper à ses bourreaux se réfugia à grand'peine dans les châteaux voisins.

Pendant deux ans, les huguenots, restés maîtres de Gaillac, détruisirent de fond en comble ses plus beaux édifices, s'acharnèrent à renverser et à piller tout ce qui avait appartenu aux catholiques, ou qui rappelait leur culte ; et quand enfin la paix de 1570 vint mettre un terme à ces horreurs insensées, il ne restait plus dans cette malheureuse ville que des ruines désolées.

Les catholiques purent enfin rentrer dans leurs foyers bouleversés ; mais, plus faibles que leurs ennemis, ils durent être protégés par des garnisons royales, dont la présence empêchait la guerre civile, mais n'éteignait pas la haine mortelle qui brûlait dans les cœurs de tous.

La France était alors divisée en deux partis ennemis, acharnés et irréconciliables, qui préparaient dans l'ombre les plus noires trahisons... Les huguenots n'avaient reculé devant aucune conspiration... Ils allaient peut-être frapper au cœur la mère patrie, quand un de ces actes terribles, que ne peuvent justifier ni les nécessités politiques ni le salut de l'État, vint à jamais les abattre et noyer dans leur sang leurs perfides complots... Le massacre de la Saint-Barthélemy couvrit la France d'un voile de deuil et souilla pour toujours la mémoire de ceux qui l'ordonnèrent et des bourreaux qui l'exécutèrent.

À cette époque néfaste, Gaillac était commandé par le capitaine Mons, homme obséquieux et traître, bas et cupide, pour qui la guerre était l'occasion du pillage, et dont l'argent était le seul mobile; il persécutait peu, mais il pillait effrontément et vendait à chers deniers sa protection. Cet homme lâche et intéressé reçut secrètement l'ordre du parlement de Toulouse de mettre à mort tous les huguenots de la ville dans laquelle il commandait, et, entrevoyant dans ce lugubre message la possibilité d'amasser de nouvelles richesses, il entassa dans la sombre tour de Davale quatre-vingts de ces infortunés les plus riches et les plus puissants; six d'entre eux purent lui offrir'une forte rançon : il leur vendit leur vie; les autres, étroitement enfermés, attendirent en tremblant le sort terrible qui leur était réservé.

Vers le milieu de la nuit, Mons et ses bourreaux, armés de glaives tranchants, de poignards acérés, éclairés par des torches sinistres, pénétrèrent dans la tour fatale (1) : sourds aux cris, aux supplications, aux larmes de leurs frères, ils commencèrent leur hideux massacre, et n'abandonnèrent ce lieu sanglant que quand soixante et quatorze cadavres eurent été étendus à leurs pieds. Le sang ruisselait de tous côtés;

(1) Quelques mémoires du temps disent que les victimes de la Saint-Barthélemy, à Gaillac, furent enfermées et massacrées dans les tours de Davale, du Pont et de Palmata. Un manuscrit albigeois prétend que ce fut dans la seule tour de Davale; j'ai adopté cette dernière version.

et tant il en coula, dit le chroniqueur Blouyn, qu'on en *voyait de par les degrés venir comme un torrent dans la rue.*

Après le massacre vint le pillage, et tous les trésors des victimes s'entassèrent dans les mains des bourreaux.

A peine la nouvelle du massacre des huguenots de Gaillac fut-elle connue de Montmorency, gouverneur du Languedoc, qu'indigné de la lâcheté de ses soldats et animé des mêmes sentiments que le noble comte d'Orthez, il manda aussitôt auprès de lui le capitaine Mons et lui adressa ces terribles paroles : « Capitaine Mons, je vous avais placé à Gaillac pour y gouverner avec sagesse et non pour y massacrer ses habitants... *Votre conduite est indigne d'un soldat... Demain est le jour de l'assaut de Sommières : nous verrons si vous montrerez autant de valeur à combattre les ennemis que vous avez montré de barbarie pour assassiner des gens désarmés.* » Mons, atterré, se jeta au fort de la mêlée et y perdit la vie.

La tour de Davalc, à partir de la nuit sanglante du 5 octobre 1572, perdit son nom primitif : elle fut et est encore appelée tour *de la Boucarie* (de la Boucherie).

LE SIÉGE DE BRUGAYROLLES [1].

En vain les traités de paix du mois de mai 1576, et celui de Fleix en 1580, avaient-ils cherché à ramener entre les catholiques et les protestants, sinon la concorde et l'oubli des maux passés, du moins le calme, et le désir de guérir la mère patrie de ses sanglantes secousses.

Un résultat entièrement contraire avait été, hélas ! atteint : les catholiques, effrayés des avantages énormes accordés à leurs ennemis, s'indignèrent contre la honteuse faiblesse de Henri III ; et les protestants, enorgueillis de leur nouvelle puissance, ne mirent plus de bornes à leur ambition et à leurs insolentes prétentions.

[1] Quoiqu'il y ait trois Brugayrolles dans l'Albigeois, ce n'est cependant dans aucun d'eux que s'est passé le trait qui fait l'objet de cette légende : le Brugayrolles dont il s'agit ici est situé dans le Razès ; mais Caxles et d'autres chroniqueurs rapportent avec détail dans leurs mémoires (uniquement occupés de l'Albigeois), les épisodes du siége fameux que soutint ce fort ; et d'ailleurs, toutes les troupes qui le firent, les chefs qui le commandèrent et le soutinrent étant Albigeois, j'ai cru pouvoir en conserver le récit parmi les *Légendes albigeoises*.

5

Aussi les haines, au lieu d'être apaisées, couvaient plus vives et plus irréconciliables, et n'attendaient que l'occasion favorable pour assouvir leur fureur : au fanatisme religieux se joignait la soif des vengeances particulières qui brûlait tous les cœurs ; chaque famille de l'Albigeois avait vu couler son sang le plus précieux dans les terribles guerres qui, depuis dix-huit ans, avaient ensanglanté le sol de la patrie ; et, dans les lâches massacres qui les avaient déshonorées, le souvenir funèbre de la Saint-Barthélemy vivait implacable dans le cœur des protestants, et les féroces représailles qu'ils avaient souvent exercées rendaient égale à la leur la haine que leur portaient les catholiques.

Une ère funèbre commençait pour l'Albigeois : la rivalité terrible des maisons de Montmorency et de Joyeuse, l'ambition insensée des Guises, les fureurs fanatiques de la Ligue allumèrent une guerre fratricide qui ouvrit une carrière sanglante à la haine cruelle des partis, à la férocité des vengeances particulières.

De nombreux combats se livrèrent sur le sol de notre malheureux pays, et presque tous furent déshonorés par de lâches assassinats et par de froides cruautés : Tourenne ne craint pas de forcer la dame de Caucalières à lui livrer sa vieille tour, en lui mettant sa dague sur la gorge, en la menaçant de mort en cas de refus ; — le vicomte de Montclar et son beau-père sont écrasés au Nay, et massacrés sans nécessité et sans gloire ; — les catholiques pendent

cruellement Palazy, gouverneur protestant de Valdé-
riès, et les huguenots massacrent à Angles, sans dis-
tinction et sans pitié, tous les membres de la famille
des Hous ; — le vicomte de Paulin assassine froide-
ment son ennemi personnel, le seigneur de Salettes,
et fait placer sa tête au haut de la tour de Mauriac ;
puis il fait manger par ses chiens les chairs palpitan-
tes du traître qui le lui a livré ; — le capitaine Vi-
terbe immole de sa main, après le combat, son ennemi devenu son prisonnier, et force un enfant, qui
l'implore en vain, à plonger, sous ses yeux, un poi-
gnard dans le sein du jeune fils de sa victime ; —
Montgoméry fait assommer Bacon, gouverneur de
Brassac, et, le lendemain de ce meurtre, ordonne
le massacre de toute la garnison de Nages ; — Bois-
sézou immole à Rassize son ennemi Laginié et les
héroïques amis qui le défendaient ; — Sabaza prend
Saint-Amans et met à mort toute la famille de Geni-
brouse, au chef de laquelle il avait voué une haine
implacable.

Le cœur se soulève au récit de ces lâches cruautés et maudit ces guerres fratricides, mille fois plus
terribles que les grandes luttes de nation à nation ;
et le chroniqueur, au milieu de ces drames sanglants, cherche, pour reposer son esprit, un épisode
touchant qui le console et le délasse des faits effrayants
qu'il a racontés.

Le siége de Brugayrolles arrête un instant son
attention révoltée des scènes d'horreur qu'il vient de
parcourir, et, par les détails glorieux ou intéressants

qu'il lui offre, il le repose et l'émeut : là, pas de trahisons, pas de cruautés, pas de lâches assassinats, mais une vaillante attaque, une héroïque défense, une ardeur infatigable de la part des assiégeants, une constance, une énergie à toute épreuve du côté des assiégés, et, au bout de toutes ces épreuves, une honorable capitulation, généreusement accordée, loyalement exécutée.

La bataille de Coutras venait d'être livrée ; la Ligue, vaincue, avait vu tomber sur le champ du combat l'amiral de Joyeuse et d'Aubijous, qui avaient si souvent combattu en Albigois ; Montmorency triomphant avait ordonné de grandes réjouissances à Castres et dans toutes les villes qui tenaient pour le roi de Navarre ; les ligueurs, abattus mais non découragés, souffraient cruellement de leur défaite et de la joie de leurs ennemis, et attendaient avec impatience l'occasion de prendre une glorieuse revanche : elle se présenta ; ils la saisirent avec ardeur en mettant le siége devant Brugayrolles.

C'était une forteresse redoutable, également à portée de Castres et de Revel, et d'une grande ressource pour les courses et pour les communications des grandes places que tenaient les royalistes ; aux préparatifs des ligueurs, ceux-ci comprirent le danger qui menaçait leur citadelle, et ils firent tous leurs efforts pour se mettre en état de défense : ils en confièrent le commandement à du Ferrier, sieur du Vila, hardi capitaine, brave guerrier, surtout irréconciliable ennemi des ligueurs. Outre la gloire qu'il brûlait d'ac-

quérir, il avait à venger la mort de son père, tué
devant Carcassonne; et tel était son désir de vengeance, qu'il avait fait alliance avec les sieurs de
Roches-Castelren, La Bastide, Cornelles, Saint-Couat
d'Armilla, Malvin, pour atteindre ce but sacré. A la
tête de ces courageux compagnons, il avait désolé le
pays de Castres à Carcassonne, s'enfermant, après
chacune de ses courses, dans les murs de Brugayrolles. L'embarras et la terreur qu'il répandait étaient
si grands, que Joyeuse, effrayé, disait qu'il fallait à
tout prix s'enlever cette épine; la défense de Brugayrolles ne pouvait être confiée à des mains plus
vaillantes et plus résolues.

Le siége commença donc avec une énergie désespérée des deux côtés. Le prieur de Joyeuse, Dam-
bres, Mirepoix commandaient les assiégeants, et chaque jour était témoin d'une sortie vigoureuse ou d'un
assaut formidable; mais les défenseurs de Brugayrolles restaient inébranlables; et bientôt les ligueurs
comprirent que la famine seule pourrait réduire la
place : ils resserrèrent aussitôt et multiplièrent leurs
circonvallations, coupèrent les eaux, interceptèrent
toute issue : toute communication semblait impossible entre la forteresse assiégée et les villes voisines.

Cependant, de temps en temps, Brugayrolles était
ravitaillée; quelques troupes même y furent jetées;
le fort recevait exactement les avis des amis qui
veillaient sur lui; souvent il fut averti des projets
des assiégeants et put les déjouer; jamais aucune de
ses portes ne s'ouvrait; jamais un envoyé ne fut

aperçu cherchant à pénétrer dans la citadelle ou communiquant par-dessus les murs avec les assiégés... Quel était donc le messager mystérieux qui servait si bien les intérêts des royalistes et passait inaperçu aux yeux des ligueurs? C'est ce que, pendant bien des nuits, les assiégeants cherchèrent, mais en vain, à découvrir ; plus ils rapprochaient leurs travaux d'attaque, plus ils redoublaient de vigilance, de secret et de précautions, plus aussi les assiégés, évidemment avertis, leur opposaient de résistance.

Or, un jour que les premières ombres du crépuscule commençaient à tomber, une sentinelle avancée aperçut un chien franchir hardiment la tranchée et les fossés, s'arrêter avec précaution à une des portes de la citadelle, gratter doucement, aboyer faiblement et s'élancer dans le fort aussitôt que la poterne eut été entre-bâillée : c'était l'envoyé secret, le messager inconnu qui, depuis plusieurs mois, portait, enfermées dans son collier, les missives des assiégeants et les réponses de leurs amis. Jusque-là, il avait défié la surveillance et les piéges, et avait toujours heureusement rempli sa périlleuse mission ; sa fidélité, son intelligence, son courage avaient mieux servi le fort assiégé que toutes les sorties et la résistance héroïque de la garnison.

Les ligueurs ayant enfin découvert le mystérieux messager qui servait si bien leurs ennemis, lui tendirent mille embûches, s'apostèrent pour l'arrêter, le saisir, l'immoler même : tous leurs efforts restèrent inutiles ; bien souvent ils le virent, à travers les ombres de la nuit, franchir comme un fantôme leurs circonvallations et les fossés de la ville; en vain s'élancèrent-ils pour s'emparer de lui, en vain déchargèrent-ils sur lui leurs meilleurs mousquets : il déjoua leurs ruses, défia leurs balles; et tantôt fuyant, tantôt rampant, tantôt immobile, mais toujours hardi et fidèle, il atteignait la porte qu'on lui tenait entre-bâillée, et apportait à ses maîtres le dépôt qu'on lui avait confié; le lendemain, avant l'aurore, il repartait courageusement, et jamais sa périlleuse mission ne put être arrêtée ni surprise.

Cependant Joyeuse venait encore de couper les eaux du fort, que la garnison avait, dès le commencement, hardiment reconquises; il avait multiplié et rapproché ses travaux, et, malgré le secours du chien fidèle, Brugayrolles ne pouvait plus recevoir des vivres et des secours. Du Vila comprit que le moment suprême allait arriver; mais voulant jusqu'au bout pousser sa résistance, il fit sortir du fort les femmes, les vieillards, toutes les bouches inutiles, et, seul avec ses vaillants soldats, il se prépara à défendre la place jusqu'à la dernière extrémité.

Sur ces entrefaites, le chien fidèle lui apporta, un soir, dans son collier, ces quelques mots signés d'un nom vénéré et chéri : *Le Vila, si tu tiens encore quelque peu, je l'irai délivrer en personne. — Henry.* C'était le roi de Navarre, qui, alors à Villemur, et apprenant la vaillante résistance de son courageux serviteur, s'apprêtait à partager ses dangers; mais, hélas ! le brave Béarnais, rappelé en toute hâte pour aller ailleurs soutenir des intérêts plus grands, ne put accomplir la promesse qu'il avait faite au défenseur de Brugayrolles, et Du Vila, réduit à la dernière extrémité, dut enfin demander une capitulation.

Les conditions en furent honorables et dignes de pareils guerriers; tous les honneurs de la guerre leur furent accordés, et le 21 janvier 1581, après sept mois de siége, la garnison héroïque de Brugayrolles sortit du vieux fort tambour battant, enseignes déployées; par une clause expresse, il avait été stipulé qu'en tête de la colonne marcherait le chien fidèle.

Le prince de Mirepoix, émerveillé de la hardiesse, du courage et de l'intelligence du chien de Brugayrolles, demanda avec instance qu'il lui fût donné : les désirs des vainqueurs sont des ordres, et le fidèle messager des royalistes devint la propriété du chef des ligueurs.

Le fort de Brugayrolles fut entièrement rasé et détruit, et il ne reste aujourd'hui aucun vestige de son ancienne importance.

LAPÉROUSE.

Quoique son histoire date à peine de quelques jours, que ses traits, les moindres détails de sa vie, soient presque présents à notre mémoire, et que le prestige de la vieille tradition ne l'ait pas encore enveloppé de son reflet poétique, il n'est pas cependant, dans notre pays, de héros plus populaire que Lapérouse. Son caractère chevaleresque, ses aventures merveilleuses, le doute qui plane encore sur le drame lugubre dans lequel il disparut, la douleur de la patrie, les regrets de l'Europe entière, l'ardeur infatigable de ceux qui volèrent, hélas! en vain, à sa recherche, tout fait de l'illustre navigateur un de ces types glorieux et sympathiques dont la légende merveilleuse reste à jamais dans les traditions des peuples.

Cependant il manquait encore quelque chose à cette histoire déjà si palpitante d'intérêt; nous connaissions la grande âme de Lapérouse, son génie, sa gloire, ses infortunes, nous ignorions les mystères de son cœur ; et pourtant ce cœur palpita du plus violent amour, et cet amour fit vibrer en lui les plus beaux sentiments de générosité, de loyauté et de tendresse.

Une heureuse découverte vient de combler cette lacune ; et si aujourd'hui, après tant d'autres, j'ose dire l'histoire touchante de Lapérouse, c'est que je puis y ajouter un trait nouveau et poétique qui doit pour toujours ranger notre célèbre navigateur au nombre des héros légendaires de l'Albigeois.

Le 23 août 1741, naissait dans la ville d'Albi, d'une famille noble et distinguée, le héros glorieux qui devait occuper le monde entier des aventures dramatiques de ses voyages et du long mystère de sa disparition. Son père, Victor Galaup de Lapérouse, était un gentilhomme de vieille race, tout dévoué à son Dieu et à son roi ; sa mère, Marguerite de Rességuier, femme d'une haute raison et de sentiments exquis, transmit à son fils la délicatesse, la bonté, et cette heureuse égalité de caractère qu'engendrent la douceur et la fermeté réunies. Chevaleresque et loyal comme son père, Lapérouse fut bienveillant, sensible, distingué comme sa mère, et toutes ces heureuses qualités firent de lui l'officier le plus éminent, le chef le plus adoré et le navigateur le plus humain et le plus philanthrope dont s'honore la marine française.

De bonne heure, Lapérouse sentit se révéler en lui sa vocation. Il naquit d'ailleurs à une époque où la marine se couvrait de gloire : les découvertes récentes, les voyages émouvants d'Anson, de Byron, de

Carteret, de Wallis, de Bougainville, et surtout du capitaine Cook, avaient rempli sa jeune imagination des plus beaux rêves. Brûlant de marcher sur leurs traces, et animé d'ailleurs du bouillant désir de combattre sur les mers l'ennemi de la France, il étudia avec ardeur et embrassa avec enthousiasme la carrière maritime. Agé à peine de quinze ans, il est nommé garde de marine; bientôt après il prend une part glorieuse au combat livré par l'escadre du maréchal de Conflans; monté sur le *Formidable*, qui fait une résistance héroïque, il est blessé et fait prisonnier par les Anglais. A peine libre, il est promu au grade d'enseigne; il soupire après de nouveaux combats, mais la paix survient; alors, au lieu de passer dans le repos ou dans les plaisirs que la cour de France offrait aux officiers les quatorze années que donna à la patrie le traité de paix de 1763, il s'embarque, et pendant ce long espace de temps, parcourant plusieurs fois le monde, il se prépare à devenir digne de la noble mission qui doit lui être un jour confiée. C'est dans ces voyages divers et aventureux qu'il étudie le secret des mers, les mœurs des peuples, et qu'il acquiert ces connaissances variées et cette haute expérience qui le plaçaient déjà au premier rang des officiers français.

Les hostilités sont reprises; de navigateur, Lapérouse redevient guerrier. Sous les ordres du maréchal d'Estaing, il monte l'*Amazone* et s'empare d'une frégate ennemie. Bientôt il renouvelle ce bel exploit à bord de l'*Astrée*, sous les ordres de Latouche-Tréville,

Mais son courage et son mérite le désignent pour un commandement : il est chargé d'aller attaquer les établissements de la baie d'Hudson ; et, malgré les obstacles que lui opposent les glaces et les brumes, si dangereuses dans ces parages, il a bientôt pris les forts du Prince de Galles et d'York. Il commandait le *Sceptre*, et avait sous ses ordres son ami, cet infortuné de Langle, dont plus tard il devait pleurer la mort avec des larmes si amères.

Au retour de cette glorieuse campagne, et dans les deux années qui précèdent sa célèbre et dernière expédition, vient se placer dans sa vie l'épisode touchant de son amour. Lapérouse a passé les années de la jeunesse, et cependant, dans ce cœur généreux, le feu de la passion est aussi vif que dans les cœurs adolescents, et le combat si pathétique qui se livre dans son âme, entre son attachement respectueux pour sa mère et la violence de son amour, fait assez connaître l'exaltation passionnée de ses sentiments.

Dans ses divers voyages, Lapérouse avait plusieurs fois relâché à l'île de France ; il y avait rencontré une jeune fille, Eléonore Bourdon, sensible et séduisante comme le sont les belles créoles de ces heureuses contrées, qui ont servi de type à la touchante Virginie. Eléonore était plus que belle : elle était modeste et distinguée ; le cœur méridional de Lapérouse admira cette nature d'élite et s'enflamma du plus vif amour ; il fut aimé, et il jura à Eléonore, Il se jura à lui-même, qu'il n'aurait jamais d'autre femme qu'elle...

Il partit ; il navigua encore quelque temps ; l'âme
toujours remplie de l'image de celle qu'il aimait...
Mais sa prudente mère, à qui Lapérouse ouvrit toujours son cœur dès sa plus tendre enfance, s'effraya
de cette passion romanesque ; elle ne connaissait pas
encore Eléonore, et elle ne voyait dans cet amour
exalté qu'une aventure dangereuse. Elle avait d'ailleurs rêvé pour son fils un mariage assorti à son rang
social et à sa belle position militaire : la fille d'une de
ses amies était celle qu'elle destinait à devenir sa
fille ; et jamais choix plus parfait ne fut fait par le
cœur d'une mère. Mlle de Vésian était riche, noble et
belle ; comme Eléonore, elle était séduisante et distinguée, et, de plus qu'elle, elle avait la préférence d'une
mère adorée, dont les désirs avaient toujours été pour
Lapérouse des ordres sacrés.

Aussi, quels combats durent se livrer dans son
cœur déchiré, que de larmes il dut répandre, quelle
douloureuse victoire il dut remporter sur lui-même,
puisque, le 10 février 1783, il écrivait à Mme et à
M. de Vésian les deux lettres suivantes ! Il était alors
à bord du *Sceptre*, en rade de Cadix, et bien loin
d'Eléonore.

A Mme de Vésian, à Albi, en Languedoc.

A bord du *Sceptre*, en rade de Cadix, 10 février 1783 (1).

Si depuis que j'ai l'honneur de vous connaître, Madame,

(1) Les originaux de ces lettres sont conservés dans les archives de la famille
de Thézac, qui a été l'héritière de Mme de Sénégas.

vous aviez pu lire dans mon cœur, vous y auriez trouvé tous les sentiments que vous pouvez désirer dans votre gendre : c'est toujours sur votre modèle que je me suis formé l'idée de celle qui doit faire mon bonheur; votre fille, élevée par vous, formée par vos leçons, doit vous ressembler; je ne la connais que pour l'avoir vue enfant, et je vous jure que si j'étais l'homme le plus parfait de la terre, avec tous les autres avantages possibles, je la préférerais à toutes les femmes; l'idée que je me suis faite du bonheur ne peut exister qu'avec les vertus dont vous avez donné l'exemple dans votre famille.

Né extrêmement sensible, je serais l'être le plus malheureux si je n'étais pas aimé de ma femme; si je n'avais pas sa confiance intime comme son meilleur ami; si son existence, dans ma famille et la sienne, au milieu de ses enfants (si nous en avons), ne la rendait pas parfaitement heureuse; si, enfin, les plaisirs purs de la nature et de l'honnêteté n'étaient pas les seuls seuls qui fissent impression sur son âme; je désire un jour vous regarder comme ma mère, et, dès aujourd'hui, comme ma meilleure amie; je vous ouvre mon cœur; consultez votre fille; c'est à vous de voir si nous nous convenons. Aimez-nous assez l'un et l'autre pour nous dire non, si c'est votre opinion, et permettez-moi, dès à présent, de vous regarder comme la meilleure amie que j'ai au monde. Je vous dois ma confiance intime; aussi j'autorise ma mère à vous faire l'histoire de mes anciennes amours. Je n'avais alors que trente ans; mon cœur a toujours été un *roman* : plus je sacrifiais de convenance à celle que j'aimais, plus j'étais heureux; mais je n'ai jamais oublié le respect que je devais à mes parents et à leur volonté : c'est eux qui m'ont arrêté, et je sens aujourd'hui que c'est un de leurs plus grands bienfaits; j'espère que, dans peu de temps, je serai libre; si alors j'ai votre réponse, et plus encore, si je puis faire le bonheur de votre fille et que mon caractère lui convienne, je vole à Albi, je vous embrasse

mille fois; je ne vous distingue plus de ma mère et de mes
sœurs, je suis votre enfant, votre meilleur ami, et je bénis
le ciel de m'avoir ramené au seul genre de vie qui peut me
rendre heureux.

Je suis, Madame, etc.

LAPÉROUSE.

Hasardez une réponse.

A M. de Vésian, à Albi, en Languedoc.

A bord du *Sceptre*, rade de Cadix, 10 février 1783

Ma mère ne vous a pas laissé ignorer, Monsieur, le désir
ardent que j'aurais d'être votre gendre; mes titres auprès
de vous sont les sentiments que je sens dans mon cœur;
j'ose croire qu'ils vous conviendraient s'ils pouvaient être
aussi bien exprimés que sentis: l'attachement le plus vrai et
le plus sincère pour votre fille, le plus respectueux dévouement pour votre famille, que je ne distinguerai plus de la
mienne, une continuelle attention à ce qui pourra augmenter son bonheur, voilà, Monsieur, les engagements que je
prends avec vous; mais je vous avoue que ma délicatesse
souffrirait de ne devoir la main de votre fille qu'au choix
que vous auriez fait de moi, et à son obéissance pour la
volonté de ses parents.

Je vous supplie donc, Monsieur, de ne gêner en rien l'in-
clination de M* de Vésian, et de songer que, pour que nous
soyons l'un et l'autre heureux, il faut qu'il n'y ait point de
répugnance à vaincre; je dois vous informer, Monsieur, que
si mon empressement ne m'a pas permis de différer plus
longtemps à vous écrire, j'ai cependant une affaire à terminer qui ne me permet pas de disposer encore entièrement de moi : ma mère vous en fera les détails. J'espère
être libre dans six semaines ou deux mois; mon bonheur

sera inexprimable, si j'obtiens alors votre agrément, celui de Mme de Vésian, avec la certitude de n'avoir pas contrarié les vœux de Mlle votre fille.

J'ai l'honneur, etc.

LAPÉROUSE.

Dans ces deux lettres, le beau caractère de Lapérouse se dévoile tout entier; son exquise sensibilité, sa haute loyauté, son affection et son respect pour ses parents, se mêlent aux sentiments élevés de la plus pure délicatesse; et cependant, au milieu de ces protestations si honnêtes, de ces assurances si franches, son amour pour Eléonore, qu'il veut éteindre, qu'il croit éteint peut-être, reparaît plus d'une fois : *Plus je sacrifiais de convenance à celle que j'aimais, plus j'étais heureux*, dit-il. Cette seule phrase révèle son amour, et, j'ose le dire, exprime la vivacité de ses regrets. Mais il a vaincu son cœur, ce cœur qui n'était qu'un *roman*. Ce douloureux sacrifice, il l'a fait à sa mère adorée, à la volonté de sa famille; c'est désormais avec loyauté et honneur qu'il va faire le bonheur de celle qui portera son nom.

La victoire de Lapérouse est complète; il veut oublier Eléonore; mais, avec sa délicatesse habituelle, il veut aussi que sa nouvelle famille connaisse son amour passé; et c'est sa tendre mère, sa confidente chérie, celle pour laquelle il vient de déchirer son cœur, qui ira dire à Mme et M. de Vésian combien son fils sait aimer... Dans les trois lettres suivantes,

adressées, comme les autres, à ses futurs parents,
l'homme honnête, délicat, sensible, continue à s'affir-
mer, et le *post-scriptum* de la dernière, dans sa rédac-
tion fiévreuse, marque assez combien il a hâte de se
prémunir contre lui-même et d'assurer sa victoire.

A Mᵐᵉ de Vésian, à Albi, en Languedoc.

21 mai 1783.

Mon trop prompt départ de Cadix m'a empêché, Madame,
de recevoir votre réponse et celle de M. de Vésian ; mais
votre billet m'a comblé de joie ; je ne perdrai pas un instant
pour me rendre à Albi, où mon imagination me peint un
genre de bonheur que j'ai toujours ardemment désiré. Votre fille, élevée par vous, vous ressemblera, et j'ose vous
assurer qu'un homme de mon caractère, uni à une femme
douce et honnête, ne s'occupera jamais que d'augmenter
son bonheur et le vôtre ; je n'ose encore prononcer le nom
de votre fille, ignorant si je lui conviendrai.

Vous êtes trop bonne mère pour contraindre ses goûts, et
je suis trop délicat pour chercher à épouser une jeune personne malgré elle ; quant à moi, tout ce que je me rap-
pelle de Mˡˡᵉ de Vésian me convient infiniment ; ce qu'on me
marque de son caractère, de ses goûts, de l'éducation que
vous lui avez donnée, est précisément ce que j'ai toujours
recherché ; mon projet est de vivre dans ma famille et dans
la vôtre ; il me faut conséquemment une femme qui puisse
aimer ma mère et ma sœur... Comme je sens que je vous
aimerai, ainsi que tous les vôtres ! Vous voyez que tous ces
avantages ne peuvent se trouver que dans une demoiselle
de la ville, et que j'aurais été au supplice si, ayant épousé
une demoiselle de Paris ou de quelque autre grande ville,
notre bonhomie et nos manières albigeoises lui avaient paru

ridicules ; je veux aimer ma femme comme un paysan, avoir en elle une si parfaite confiance, qu'elle soit chargée, avec ma mère et vous, de toutes mes affaires : voilà mon plan ; puisse-t-il s'effectuer ; toute autre manière d'exister m'est affreuse, et j'ai assez de connaissance de moi-même et du monde pour savoir que je ne puis être heureux qu'en vivant ainsi.

Je suis avec, etc.

LAPÉROUSE.

Les lettres que j'écris à ma mère sont communes à mon père, et celle-ci à M. de Vésian.

À Mme de Vésian, à Albi, en Languedoc.

Paris, 21 mai 1783.

Je devance le moment où je vous appellerai ma chère maman ; mon cœur en éprouve déjà tous les sentiments, et le danger que vous venez de courir a déchiré mon âme, comme si ma propre mère eût été à votre place. Je vois avec douleur qu'en devenant mille fois plus heureux que je ne l'étais, je multiplie infiniment mes chagrins ; je partagerai vivement toutes vos peines, tous vos plaisirs ; et si c'en est un pour vous d'être adorée du fils que vous avez adopté, je vous assure que, de tous les sentiments de mon cœur, celui réservé à la mère de Mlle de Vésian est le plus doux.

Je suis avec respect, etc.

LAPÉROUSE.

À M. de Vésian, à Albi, en Languedoc.

Votre lettre, Monsieur, m'aurait jeté dans les plus vives inquiétudes, sans l'assurance que vous me donnez que Mme de Vésian est hors de danger. Avec quelle impatience je vais attendre les nouvelles d'Albi ! ma mère ne me laissera pas ignorer ce qui, dans ce moment, intéresse le plus mon cœur. Mon imagination, une fois troublée, se rassure difficilement. Si je n'étais retenu à Paris encore quelques semaines par les ordres supérieurs du ministre, il n'est aucune affaire personnelle qui m'y retint une heure. De tous les sacrifices que j'ai faits au service, celui-ci est le plus coûteux.

Je suis fâché que ma mère vous ait parlé de la lettre anonyme que j'ai reçue : c'est l'ouvrage de mes ennemis et non des vôtres ; car d'après tout le bien que j'entends dire de Mlle de Vésian, je suis bien certain que je ne la vaudrai jamais ; mais je m'acquitterai envers elle par le plus inviolable attachement pour tous ses parents, et mon cœur renferme déjà tous les sentiments que je vais leur devoir. Le style de l'atroce bêtise qui m'a été adressée à Brest est celui d'une femme de chambre mal élevée. Je ferai tous mes efforts pour que ma femme et moi ne méritions jamais d'avoir des ennemis ; mais je connais trop les hommes pour ne pas être trop certain que nous en aurons.

J'ai vu M. de Tolns à Courcels ; j'en ai reçu la réponse la plus flatteuse et la plus honnête ; mais je ne me console pas d'avoir manqué à Paris l'occasion de voir son frère, qui n'y est resté qu'un seul jour. Je partirai pour Courcels la semaine prochaine. J'ai eu un cours d'affaires avec M. le marquis de Castries, qui m'a assujéti à passer cinq jours de la semaine auprès de lui ; mais j'ai lieu de croire que j'aurai bientôt fini.

Parlez-moi de Mlle de Vésian. S'il ne faut que l'aimer de tout mon cœur pour la rendre heureuse, je suis certain qu'elle n'aura rien à désirer.

Je suis avec respect, etc.

LAPÉROUSE.

P. S. Je ne saurai que dans dix ou douze jours l'époque

précise où je pourrai partir de Paris : ce sera certainement dans le courant du mois prochain ; vous en serez le premier informé ; mon cœur me battra bien fort lorsque j'approcherai de votre maison.

Lapérouse avait trop présumé de ses forces. Au moment de remporter la victoire la plus complète sur son cœur, il revoit Eléonore, il est vaincu... L'admirable lettre par laquelle il apprend à sa mère ce touchant épisode de sa vie est un chef-d'œuvre de sentiment et de délicatesse ; sa belle âme tout entière s'y révèle ; et jamais tendresse, honneur, loyauté, regrets ne furent mieux sentis et mieux exprimés.

A Mme de Lapérouse, à Albi, en Languedoc.

Paris, 25 mai 1783.

Mme de Vésian l'avait prévu, ma chère mère : elle connaissait mieux mon cœur que moi-même... J'ai vu Eléonore... Je n'ai pu résister aux remords dont j'étais dévoré... Mon excessif attachement pour vous me faisait violer tout ce qu'il y a de plus sacré parmi les hommes : j'oubliais mes serments, les vœux de mon cœur, les cris de ma conscience. J'étais à Paris depuis vingt jours ; fidèle aux promesses que je vous avais faites, je n'avais point été la voir... Je reçois une lettre baignée de larmes... Nul reproche... Mais le sentiment profond de la douleur y était exprimé... Le voile se déchire à l'instant... Ma situation me fait horreur... Je vois tous mes crimes... Je ne suis plus à mes yeux qu'un parjure, qu'un vil séducteur, indigne de Mlle de Vésian, à laquelle j'apporterais un cœur dévoré de remords et usé par une passion que rien ne peut éteindre... Indigne d'Eléonore, que j'ai eu la faiblesse de vouloir délaisser, mon excuse, ma chère mère, est le désir extrême que j'ai toujours eu de vous plaire ; c'est pour vous seule et pour mon père que j'ai voulu me marier. Désirant vivre avec vous, je vous ai priés de me chercher une femme avec laquelle vous puissiez compatir. Le choix de Mlle de Vésian m'avait comblé, parce que sa mère est la femme de la ville pour laquelle j'ai le plus véritable attachement, et le ciel m'est témoin aujourd'hui que j'aurais préféré sa fille au parti le plus brillant de l'univers. Il n'y a pas quatre jours que je lui ai écrit à ce sujet : comment concilier ma lettre avec ma situation présente ! J'étouffais mes remords ; je croyais être sûr de moi ; je violais (avec effroi cependant) les lois divines et humaines : la vertu, l'innocence, la douceur étaient sacrifiées au système de dévouement que je m'étais fait pour toutes vos volontés ; mais, ma chère mère, ce motif, si pur en lui-même, serait une faiblesse si j'allais plus avant. J'ai été un imprudent de contracter un engagement sans votre consentement ; je serais un monstre si je violais mes serments et portais à Mlle de Vésian un cœur flétri et une conscience déchirée de remords. Je ne doute pas, ma chère mère, que vous ne sentiez ma situation et que vous ne frémissiez peut-être de l'abîme où j'ai pensé tomber. Je ne puis être qu'à Eléonore ; j'espère que vous y donnerez votre consentement ; ma fortune suffira à nos besoins, et nous vivrons également avec vous ; mais je ne viendrai à Albi que lorsque Mlle de Vésian sera mariée, et que je serai assuré qu'un autre, mille fois plus digne d'elle que moi lui aura juré un attachement plus pur que celui qu'il était en mon pouvoir de lui offrir.

Je n'écris point à Mme ni à M. de Vésian. Joignez à ves bontés celle de vous charger de cette affreuse et pénible mission.

LAPÉROUSE.

Mais il restait encore à Lapérouse un devoir à remplir auprès d'une famille qu'il honorait, qu'il aimait, dont il allait devenir le fils, et qu'il venait d'affliger, et peut-être d'offenser... Sa fiancée va épouser le baron de Sénégas, et il s'empresse, avec une exquise délicatesse, d'offrir ses excuses et ses compliments à M. de Vésian. Si on ne sentait que cette dernière lettre de Lapérouse sort d'un cœur honnête, on la croirait habile; mais les lettres précédentes prouvent assez qu'il ne savait ni dissimuler ni mentir.

A M. de Vésian, à Albi, en Languedoc.

Le 13 août 1783.

J'ai voulu, Monsieur, me faire précéder chez vous par une lettre qui vous fasse bien connaître toute ma sensibilité et ma vive reconnaissance de vos bons procédés. Vous avez droit de me taxer de légèreté : je devais mieux, à mon âge, connaître l'état de mon cœur; mais le ciel m'est témoin qu'en vous trompant j'étais moi-même dans l'erreur, et que si j'avais été libre avec cent mille francs de rente, je les aurais offerts à Mlle de Vésian. N'ayant jamais eu l'honneur de la voir, mes sentiments ne pouvaient avoir pour objet que le désir extrême de vous appartenir, ainsi qu'à Mme de Vésian, et il me sera impossible de vous exprimer combien les affections que je vous aurais dues étaient chères à mon cœur. Je serais au désespoir et malheureux à jamais, si mon étourderie avait mis obstacle au bonheur de Mlle votre fille; mais vous avez heureusement à vous applaudir de ma légèreté : inférieur à M. de Sénégas à tous égards, je n'aurais pu l'égaler que dans mon extrême attachement pour vous et pour les vôtres.

J'ai l'honneur d'être, etc.

LAPÉROUSE.

La belle Éléonore devint la femme de Lapérouse;

deux années de bonheur furent la récompense de cet amour touchant, et ce bonheur si court fut complet cependant, puisqu'il vit sa charmante compagne accueillie, appréciée, aimée par tous les siens.

Mais l'heure de la vraie gloire de Lapérouse allait sonner ; son mérite, son courage, l'élévation de son caractère, l'avaient désigné à Louis XVI comme le chef digne de commander l'expédition qu'il méditait ; la France voulait avoir, comme l'Angleterre, ses découvertes, et Lapérouse, brillant successeur de Bougainville, était l'officier français que le plus patriote des rois destinait à imiter, à surpasser peut-être Cook.

Jamais expédition ne fut aussi solennellement préparée, aussi intelligemment dirigée, aussi richement pourvue ; les officiers les plus distingués, les savants les plus renommés, briguèrent l'honneur d'en faire partie ; les académies, les sociétés savantes préparèrent des mémoires, posèrent de hautes questions à résoudre ; hommes, vaisseaux, instruments, instructions, plans, but, tout était d'élite dans cette glorieuse mission ; et le 1er août 1785, Lapérouse arbora son pavillon sur la *Boussole*, et, suivi par l'*Astrolabe*, commandée par son vieil ami de Langle, il partit aux applaudissements de toute la France.

Ce voyage célèbre commence, et, dans le journal de l'illustre navigateur, heureusement conservé, nous retrouvons, à côté du chef éminent, du grave commandant d'une aussi considérable entreprise, l'homme bon, humain, philanthrope, sensible et tendre, que ses aimables lettres nous ont déjà fait connaître.

Du Havre à Macao et jusqu'au Kamtschatka, sa navigation est une marche triomphale. Partout des lettres élogieuses, écrites dès que son expédition est connue, le précèdent et l'exaltent; les consuls, les chefs de tous les peuples, acclament et reçoivent avec honneur ce chef glorieux d'une aussi solennelle expédition; à Madère, à la Trinité, à Sainte-Catherine, à la Conception, il est accueilli, à l'arrivée, par l'admiration de tous, et salué au départ par les vœux les plus chaleureusement exprimés; il laisse partout un souvenir ineffaçable de son beau caractère et de l'urbanité française.

Il entre bientôt après dans cette terrible mer du Sud, si fertile en naufrages, si peu connue encore; et un de ses premiers actes est d'y découvrir un havre précieux, auquel il s'empresse de donner le nom de *Port des Français*. Ce n'est pas le nom d'un prince, d'un protecteur, d'un ami, qu'il donne à cette première découverte : c'est le nom de la patrie... Tout le caractère de Lapérouse est là... Mais, hélas! que sa joie est de courte durée! Deux de ses officiers les plus distingués, deux frères que n'avaient pu séparer les dangers d'une lointaine navigation, et qui abandonnaient une opulente fortune pour suivre un chef aimé, périssent sous ses yeux, en se portant mutuellement un secours inutile... Les larmes que Lapérouse répand sur leur triste sort sont touchantes et paternelles; il était doux et glorieux d'être aimé ainsi.

Bientôt, par une navigation rapide et brillante,

l'expédition touche à Monterey. Le journal de Lapérouse scintille de détails émouvants et scientifiques ; il est rempli de conceptions savantes, d'observations élevées ; il touche à tout, il juge tout : sciences, navigation, mœurs des peuples, projets pour l'avenir de la patrie, tout est étudié, médité, résolu, et on retrouve à chaque page son esprit élevé et son cœur philanthropique.

Lapérouse repart de Monterey : il traverse l'océan Pacifique, et, passant à travers les îles Mariannes, il arrive à Macao. Depuis longtemps déjà, il y était annoncé et attendu. Comme partout, il y est fêté et regretté. — Il parcourt les îles Philippines ; il touche à Cavite, à Manille, et donne une description savante et utile de ce pays enchanteur, et du mauvais gouvernement qui le régit ; il entre enfin dans cette mer du Japon, obscure encore alors ; et, dans une course hardie et habilement dirigée, il rectifie des erreurs, relève des omissions, fait des découvertes ; n'écoutant plus alors que son cœur, il donne à ces nouvelles terres les noms de ceux qu'il aime : c'est la baie de Langle, celle de Castries... Dans cette navigation difficile, où il est en contact avec des parages et des peuples nouveaux, il déploie sa prudence, sa science et son humanité ordinaires ; il est assailli, trahi, pillé par des insulaires féroces ; jamais il n'emploie la force pour repousser ces sauvages agressions ; il déploie la plus infatigable patience pour faire comprendre à ces hordes cruelles qu'il est l'envoyé pacifique d'un peuple civilisateur,

6.

humain, et non un conquérant sanguinaire et avide.
Après bien des fatigues, bien des dangers, après
avoir découvert un détroit échappé aux navigateurs,
il touche à ce Kamtschatka nébuleux et solitaire, et sur
cette terre désolée, où il apporte la bienveillance et le
charme ordinaires de son âme, il éprouve des joies
bien douces : il est reçu comme un frère chéri par des
autorités distinguées qui le connaissaient et l'admi-
raient déjà. C'est là que, pour la première fois depuis
son départ de France, il reçoit des nouvelles de la
patrie et de tous les objets chers à son cœur qu'il y
a laissés. Là aussi, en ouvrant respectueusement le
pli de son souverain, il y trouve sa nomination au
grade de chef d'escadre. Le cœur de Lapérouse s'at-
tendrit ; sa modestie s'émeut, et c'est avec de bien
douces larmes de reconnaissance et d'amour qu'il reçoit de son roi bien-aimé, sous ces climats lointains,
cette haute récompense qu'il avait si bien méritée.

Lapérouse s'arrache aux charmes qu'il a trouvés
sur ces terres désolées : il tend une dernière fois la
main au malheureux Ivaschkin, qu'il avait rencontré
et consolé dans cette Sibérie lointaine, où, depuis
cinquante ans, il expiait, dans un dur exil, quelque
épigramme lancée contre la vindicative Elisabeth ; et
il recommence, dans des parages à peine connus, sa
périlleuse navigation.

Hélas ! cette navigation, qui devait être si courte
et si fatale, commence sous de funèbres auspices :
en abordant l'île dangereuse de Maouna, de Langle,
le vieil ami de Lapérouse, Lamanon, le savant illus-

tre, et dix autres marins, l'élite de l'expédition,
tombent victimes de leur humanité, et sont horrible-
ment massacrés, en ne voulant pas repousser par la
force les attaques des féroces insulaires ; fidèles aux
instructions de Lapérouse, et d'ailleurs bons et hu-
mains comme lui, ils tendaient des mains amies à
ceux qui traîtreusement les assassinaient.

A cet événement lugubre, le cœur de Lapérouse
se brise : il est l'ami, il est le chef, il est le père de
ceux qui viennent de périr, et ces trois sentiments
lui arrachent des larmes amères ; il repart tristement ; mais si son ardeur, si son courage sont les
mêmes, son âme est attristée, son journal s'assom-
brit : il subit peut-être l'influence mystérieuse d'un
affreux pressentiment... Il traverse rapidement les
îles d'Oyolava, de Pola, des Cocos, des Traîtres, des
Navigateurs, des Amis, de Vavao, de Norfolk, et
touche enfin à Botany-Bay ; le jour même de son
arrivée, le commodore Philips en partait pour aller
porter à Port-Jackson la colonie pénitentiaire que
l'Angleterre n'avait pu faire prospérer sur cette terre
australienne.

A partir de ce jour commence le long mystère qui,
pendant tant d'années, a plané sur le sort de l'illustre
navigateur. En vain la patrie inquiète, en vain l'Europe émue sondèrent-elles les profondeurs de l'Océan,
les anfractuosités des récifs ; en vain les marins les
plus célèbres parcoururent-ils les parages obscurs où
avaient disparu nos infortunés marins : les mers gar-
dèrent leur funèbre secret, et, quarante ans seulement

après ce drame lugubre, quelques débris informes, quelques épaves mystérieuses, indiquèrent l'écueil obscur où avait péri le héros qui est la gloire de l'Albigeois.

Au moment où le sort de Lapérouse ne pouvait plus être douteux, la patrie elle-même disparaissait presque dans un affreux naufrage : le roi infortuné, son ami et son protecteur, était englouti dans la tourmente... Et cependant la France, émue, se réveilla un instant pour prodiguer à la veuve inconsolable de son illustre navigateur des honneurs et des richesses inutiles.

Éléonore, quand son malheur fut certain, ferma son cœur au monde. Tout entière au souvenir de celui qui l'avait tant aimée, elle couvrit pour toujours son séduisant visage d'un voile funèbre ; et, après quelques années passées à pleurer au milieu de la solitude la plus profonde, elle s'éteignit dans la fleur de sa jeunesse et de sa beauté.

FIN

www.ingramcontent.com/pod-product-compliance
Ingram Content Group UK Ltd.
Pitfield, Milton Keynes, MK11 3LW, UK
UKHW022326070726
13614UKWH00002B/975